北大版新一代对外汉语教材·实用汉语教程系列

实 践 汉 语 入 门

——初级口语会话

（英文注释本）

Real-Life Practice of Elementary Chinese

—Dialogues for Beginners

〔美〕陈丽安　编著

北京大学出版社
PEKING UNIVERSITY PRESS

图书在版编目(CIP)数据

实践汉语入门——初级口语会话(英文注释本)/(美)陈丽安编著.—
北京：北京大学出版社，2004.10
(北大版新一代对外汉语教材·实用汉语教程系列)
ISBN 7-301-07601-0

Ⅰ.实… Ⅱ.陈… Ⅲ.汉语－对外汉语教学－教材 Ⅳ.H195.4

中国版本图书馆 CIP 数据核字(2004)第 063413 号

书　　　名：实践汉语入门——初级口语会话(英文注释本)
著作责任者：〔美〕陈丽安 编著
责 任 编 辑：沈　岚
标 准 书 号：ISBN 7-301-07601-0/H·1063
出 版 发 行：北京大学出版社
地　　　址：北京市海淀区中关村北京大学校内　100871
网　　　址：http://cbs.pku.edu.cn
电 子 信 箱：zpup@pup.pku.edu.cn
电　　　话：邮购部 62752015　发行部 62750672　编辑部 62752028
排 版 者：兴盛达打字服务社　82715400
印 刷 者：北京中科印刷有限公司
经 销 者：新华书店
　　　　　　787 毫米×1092 毫米　16 开本　14 印张　356 千字
　　　　　　2004 年 10 月第 1 版　2004 年 10 月第 1 次印刷
定　　　价：48.00 元(附赠一张 CD)

目录
Table of Contents

Zhōngwén Qiányán
中文　前言
Chinese Preface

一、编写目的

此课本是为母语为英语的短期汉语初学者编写的。

据美国海外教育协会2002年的统计,50%的海外美国留学生都是短期学生。其中大部分又是初学者。短期对外汉语初级班的大量增加正反映了这个现象。

来华学汉语的最大优势就是汉语语言环境。而如何利用这一环境则是对初学者的最大挑战。此课本以留学生的实际经历为出发点,将课外场景练习和课堂教学融于一体,帮助初学者在短期内进行课外语言实践。

编者对目前市场上的短期初级对外汉语课本以及数十年来中外对外汉语教学法做了广泛的调查研究,以交际任务型为主要编写原则。

课本共有20个单元。如按每天四课时,一周五天计算,可至少学一个月。也可以作为其他对外汉语初级课程的补充教材。

二、课本的新颖之处

1. 加强发音训练

发音是学习汉语及语言交际成功的一个关键。为此,第一单元设有系统的拼音知识介绍和大量的发音练习。练习的词语由每个单元的词语组成。

从第四单元起,所有单元都包括本单元词语的对话性的发音练习。教学生学声调、生词的意思和用法。

2. 加强课文对话对西方留学生的吸引力

为了使这些留学生对课本产生足够的兴趣,课文内容是从他们在中国的实际生活需要出发,同时也恰当地考虑到西方学生的习惯、心理状态和个人爱好。每一单元的词语、课文和练习中都穿插着学生生活的真实图片。

3. 加强课堂练习的实用性

学生死记硬背一些固定句子是远远不够应付实际交际任务的。因此,练习的设计重在训练学生不依赖书本灵活地对话,根据学生的实际生活、学习情况互相提问。如:"你的电话号码是什么？你住哪个房间?班里有多少人？"等等。

另外,还注重培养学生使用基本词语的能力。如:在"您有护照吗？您有没有护照？有护照吗？"的问句中护照是基本词。课本的基本词下面都画着线。

补充课堂练习中还设有脱离课文的基本词听说训练。

4. 加强课外交际任务的执行

每个单元的实践性很强。单元的最后一部分是根据课文内容设计的具体的课外交际任务。 如:第二单元的课文是换钱,其课外交际任务就是去银行换钱,在过程中只讲中文。任务完成后要求学生交给老师用拼音写的完成任务记录并在班里用中文汇报任务的完成情况。

5. 考虑成人学汉语的特点

成人学外语逻辑思维较强但运用能力较弱。因此,课本词语的顺序按词语间的逻辑关系编排。 许多词语都承上启下,起到对出现过的词语复习的作用。如有关钱的数量词语都排在一起: 块、两、百、千。

每个单元平均27个生词, 大多数单元设有两三个小型对话。 这样的安排使学习过程循序渐进,容易掌握。

6. 考虑留学生程度不齐

一个班的初学者不一定都是零起点的学生。有的已学了一些汉字。所以,单元的所有内容都是拼音和汉字同时出现。教师可根据情况因人而异,要求有关学生用汉字做练习及记录课外任务的完成,安排这些学生作练习小组组长等等。

7. 加强留学生在华学汉语和回国后继续学汉语的衔接

在华短期学汉语只是学生学习汉语过程中的一个起点。为了给学生打下学习汉语的良好基础,培养他们长期学习汉语的兴趣,课本中对汉语做了全面的介绍。虽然本书不要求初学者掌握汉字,但考虑到海外汉语课本也使用繁体汉字,而中国使用简体汉字的情况,词语除汉语拼音和简体汉字以外,还在括弧中标注出了繁体汉字。课本的词语和对话有表现当今中国发展的新词语。80%以上的词语出自《现代汉语频率大辞典》中的1000个最常用的词语。

三、有关建议

日常预习

学生应做以下预习:

1. 听词语的录音,做好上课听写词语的准备。

2. 听课文对话直到能流利读出为止。

3. 记下词语和课文中的问题问老师。

4. 翻译课文。

教学辅助材料

1. 当地交通地图。

2. 袖珍英汉辞典。

3. 两个袖珍笔记本。

4. 录像机、小型录音机等。

编 者 简 介

陈丽安出生于北京。人民大学英文本科毕业后，赴美留学。在伊利诺伊大学 (University of Illinois-Champaign) 获文学博士学位。十几年来一直在美国的大学教授汉语和英语课程，包括本科必修课、成人在职进修课及各种短期对外汉语课程。曾多次获评校、院级优秀教师。在美国对外汉语教师协会刊物、教育界学术杂志上都发表过文章，并多次在美国及国际专业学术讨论会上做过报告。

感 谢

此课本的编写得到了美国Embry-Riddle Aeronautical University 的学生、老师和人文学院领导的大力支持。 Philip Jones 教授对课本中英文部分的修辞提出了宝贵的建议。学生Solomon Jones 和 Karen Lo 等也曾给予编者技术指导。课本中的图片主要来自photos.com。在本书出版过程中，北京大学出版社的编辑沈岚老师给予很大帮助，在此表示感谢。

编者欢迎各位老师的建议。电子通信地址是chenl@erau.edu。

陈丽安 (Leeann Chen-Jones)
2004年7月6日 于美国Embry-Riddle航空大学

I. The Reasons for Compiling This Textbook?

This textbook is designed primarily for beginners whose native language is English, and who stay in China for a short period of time.

In recent years, there has been a rise in the number of short-term students from Western countries. According to the statistics of American Institute of International Education in 2002, 50% of American students abroad were short-term students. These students were mostly beginners. This phenomenon has resulted in a noticeable increase in the number of short-term CFL (Chinese as a Foreign Language) courses.

The main difference between learning Chinese in a non-Chinese country and in China is that China has a Chinese language environment outside the classroom. Yet to be able to take advantage of this environment remains the toughest challenge for beginners. Not only does the book aim at communication success of CFL students in China, but also lays a stable foundation for their long-term learning of the language.

Based on a survey of current CFL textbooks for the short term, and studies of CFL in the past forty years, the task-based pedagogy is used to design this book. Many of the methods herein have been successfully implemented in CFL teaching in China.

The textbook has twenty units. If one has four hours of class every day, five days a week, this book can be used for at least a month. In addition, the book can be used as a supplement to other textbooks for beginners.

II. Specific Features

1. Systematic Pronunciation Practice

Pronunciation is a key to CFL learning and communication success outside classroom. Accordingly, Unit One has a systematic introduction of *pinyin*. From Unit Four on, every unit's pronunciation exercise is designed as a dialogue to promote communicative learning.

2. Interesting Content for Students

To attract Western students, the content is mainly based on the needs of their daily lives. Meanwhile, the psychological and cultural habits and personal factors of Western students are taken into consideration to arrange the sequence of texts and content. Each unit is also accompanied with many real-life photos.

3. Exercises

Memorizing sentence patterns alone is far from adequate in meeting the communication challenge in reality. Therefore exercises in each unit include the practice of dialogues without students looking at the textbook, questions and answers about students' daily lives, as well as dialogues about real-life photos.

4. Field Tasks

Instead of traditional homework, the last part of every unit consists of specific field tasks such as finding out the business hours of a campus cafeteria. Teachers should ask students to take notes of the tasks and let some students report in class. Because of the unexpected nature of real-life communication, regular encouragement of students is highly recommended.

5. User-Friendly Features for Adult Learners

Children and adults learn a language in remarkably different ways. The latter have developed a capacity of logical thinking. Accordingly, the sequence of new words in each unit follows a logical order: either by association of meaning or parts of speech or both.

Each unit is also divided into two or three dialogues.

6. Dealing with Student Differences

As is the case in many CFL classes, students are at different levels and from different areas of the English-speaking world. To accommodate the various learning needs of such students, the textbook is designed with *pinyin*, simplified characters and traditional characters in parentheses in the vocabulary section of each unit and index. Such design also makes it easier for teachers to assign individualized exercise or tasks to individual students.

7. Linking CFL Learning in China with Learning in Students' Home Countries

For many students, learning Chinese in China is only a part of the learning process of Chinese language. This fact has been taken into consideration in the design of the textbook.

III. Some Recommendations

1. Daily Preview

Students should be asked to do the following activities on a daily basis:

• Listen to the vocabulary and be ready for dictation.

• Listen to the dialogue as much as possible in order to read it fluently.

• Go over the text and write down questions.

- Translate the dialogue into English.

2. Additional Material for Learning

- A local transportation map
- A pocket English/Chinese dictionary
- Two small notebooks
- Optional: a small tape recorder, camcorder or digital recording device.

About the Author

Born in Beijing, China, Leeann Chen-Jones obtained her bachelor's degree in English from the Renmin University of China, and then Ph.D. in literature from the University of Illinois in Urbana-Champaign, in America. Chen-Jones has been teaching both Chinese and English courses to U.S. college students during her stay in US. She has earned favorable comments on her teaching at the college or university level. Chen-Jones has also published articles in the *Journal of Study Abroad*, the *Journal of Chinese Teaching in the World*, the *Newsletter of Arizona Chinese Teachers Association*, and *Strategies of Rhetoric* as well as translations in *Journalism: Theory and Practice* in China. In addition, Chen-Jones has presented papers at many domestic and international conferences.

Acknowledgement

This textbook could not be written without the support of the College of Arts and Sciences at Embry-Riddle Aeronautical University in Prescott, Arizona, the United States. I would like to thank Dr. Philip E. Jones, who has given me invaluable suggestions on the wording of English throughout the book; Mr. Solomon Jones and Ms. Karen Lo, who functioned as my technical advisers and assistants; and Ms Lan shen at Peking University Press, who is the editor of my book. The majority of the photos are used with the permission of photos.com.

Your comments are very much welcome. Please feel free to contact chenl@er-au.edu.

Leeann Chen-Jones
Embry-Riddle Aeronautical University

adj.	Adjective	形容词
adv.	Adverb	副词
aux.	Auxiliary Verb	助动词
conj.	Conjunction	连词
dp.	Demonstrative Pronoun	指示代词
interj.	Interjection	感叹词
m.	Measure Word	量词
n.	Noun	名词
num.	Numeral	数词
ono.	Onomatopoeia	象声词
p.	Particle	助词
prep.	Preposition	介词
pr.	Pronoun	人称代词
qp.	Question Pronoun	疑问代词
v.	Verb	动词

第一单元

汉语和拼音 Chinese Language and Phonetics
Hànyǔ hé Pīnyīn

汉语拼音方案

(1957 年 11 月 1 日国务院全体会议第 60 次会议通过)
(1958 年 2 月 11 日第一届全国人民代表大会第五次会议批准)

一. 字母表

| 字母 | Aɑ | Bb | Cc | Dd | Ee | Ff | Gg |
| 名称 | ㄚ | ㄅㄝ | ㄘㄝ | ㄉㄝ | ㄜ | ㄝㄈ | ㄍㄝ |

| Hh | Ii | Jj | Kk | Ll | Mm | Nn |
| ㄏㄚ | ㄧ | ㄐㄧㄝ | ㄎㄝ | ㄝㄌ | ㄝㄇ | ㄋㄝ |

| Oo | Pp | Qq | Rr | Ss | Tt | Uu |
| ㄛ | ㄆㄝ | ㄑㄧㄡ | ㄚㄦ | ㄝㄙ | ㄊㄝ | ㄨ |

| Vv | Ww | Xx | Yy | Zz | | |
| ㄒㄩ | ㄨㄚ | ㄒㄧ | ㄧㄚ | ㄗㄝ | | |

The Myth of Chinese language　中文之谜

China is a country with fifty-six ethnic groups, which has its own language. The language spoken by over 90% of the Chinese population, the Hàn ethnic people, is called Hànyǔ, which is divided into several dialects, each almost like a foreign language to another. 因为中国是一个有 56 个民族的国家,每个民族都有自己的语言。百分之九十以上的中国人是汉族人。他们的语言就是汉语,汉语又可分为若干方言,而不同的方言也几乎像不同的语言。

Mandarin　汉语

The majority of the Chinese (Hàn) speak Mandarin dialect, the official language of China, which is further divided into sub-dialects. The Northern Mandarin dialect, based on Beijing dialect, has been adopted as the standard dialect, called pǔtōnghuà. 大多数汉族人说汉语,即中国的官方语言,可以再分为不同的方言。这种官方语言以北京话为基础方言,也叫作普通话。

Characteristics of Hànyǔ　汉语的几个特点

1. Phonetic Transcriptions　拼音

The *Pīnyīn* romanization is the official phonetic transcription used in mainland China, as well as the most widely used pronunciation system of Hànyǔ all over the world, which is used in this textbook. 汉语拼音是中国国内使用的标准拼音体系,也是世界上使用得最广泛的汉语拼音系统。

Pīnyīn syllables consist of initials, finals and tones. 拼音音节由声母、韵母和声调组成。

2. Tones　声调

The meaning of Hànyǔ is varied according to different tones. In the Mandarin, each syllable in Chinese has four tones: for example, mā (mom), má (hemp), mǎ (horse), and mà (curse). 汉语词语的声调不同,意思就可能不同。每个音节有四个声调。如:妈,麻,马,骂。

The first tone is high and stable, like a soprano note. 第一声又高又平,像音乐

中的高音。

The second toneis rising, like "uh".　第二声是升调,像"uh"的发音。

The third tone is a long low tone plus a short rising tone.　第三声由长降调和短升调组成。

The fourth tone is a short falling tone, like "boo".　第四声是降调,像"boo"的发音。

In addition, some syllables have a neutral tone(轻声), like "ma" which is a question particle.　另外,有的音节是轻声,例如疑问代词"吗"。

Some syllables in Chinese have two pronunciations or more(多音字). For example, "jiào," the noun of "sleep" is also pronounced as "jué" as a verb of "feel." 有的汉字是多音字。例如:觉jiào是"睡觉",名词。而第二声时,觉的发音是"jué",是"觉得"的意思,用作动词。

Pīnyīn　拼音

1. Twenty-one initials　二十一个声母

b　p　m　f　d　t　n　l　g　k　h

z　c　s　zh　ch　sh　r　j　q　x

2. Thirty-six finals　三十六个韵母

a　o　e　ê　ai　ei　ao　ou　an

en　ang　eng　ong　i　ia　ie　iao　iou

ian　in　iang　ing　iong　u　ua　uo　uai

uei　uan　uen　uang　ueng　ü　üe　üan　ün

Pīnyīn Practice　拼音练习

Initials　声母

bā bá bǎ bà　　　　　pō pó pǒ pò

mī mí mǐ mì　　　　　fēn fén fěn fèn

dū dú dǔ dù　　　　　tān tán tǎn tàn

nāonáo nǎo nào　　　lāi lái lǎi lài

guī guí guǐ guì　　　kē ké kě kè

hēi héi hěi hèi　　　zāng záng zǎng zàng

cōng cóng cǒng còng   sōu sóu sǒu sòu

zhēng zhéng zhěng zhèng   chī chí chǐ chì

shē shé shě shè   rēn rén rěn rèn

jū jú jǔ jù   qiū qiú qiǔ qiù

xiē xié xiě xiè

Finals 韵母

chā chá chǎ chà   xī xí xǐ xì

hē hé hě hè   mō mó mǒ mò

zū zú zǔ zù   lū lú lǔ lù

bāi bái bǎi bài   wēi wéi wěi wèi

dāo dáo dǎo dào   jiū jiú jiǔ jiù

shōu shóu shǒu shòu   tuī tuí tuǐ tuì

fān fán fǎn fàn   bēn bén běn bèn

sāng sáng sǎng sàng   cēng céng cěng cèng

gōng góng gǒng gong

"R" sound in Mandarin Dialect   儿化音

Mandarin dialect has adopted the "r" sound from the Beijing dialect.   Some
characters are thus pronounced with an "r" suffix which sounds like ur in fur.   Usual-
ly if the character originally has an "i", "n" or "ng" ending, the "i", "n" or "ng"
becomes silent. 有的汉字音节带儿化音,一般来讲,原音节是"i" "n"或"ng"结尾
的话,带儿化音后"i" "n" "ng"不发音。

bān(bānr) 班 (儿)   kuài (kuàir) 块儿   yuán (yuánr) 园(儿)

tiān (tiānr) 天(儿)   diǎn(diǎnr)点(儿)   huì (huìr) 会儿

wán (wánr) 玩儿   zhèr 这儿

Tone Combinations　拼音组合

All words are from the units of this textbook. 下面所选的词语都来自于课本。

FIRST TONE　第一声

First and First　一声和一声

bāoxiāng	包厢	cānguān	参观	cāntīng	餐厅	chēxiāng	车厢
chūfā	出发	chūzū	出租	fēnzhōng	分钟	gōngsī	公司
guānjī	关机	jīntiān	今天	kāfēi	咖啡	kāichē	开车
xīngqī	星期	yīnggāi	应该	zhōngxīn	中心	zhōngjiān	中间

First and Second　一声和二声

gōngyuán(r)	公园(儿)	guānmén	关门	kāimén	开门
suīrán	虽然	Yīngwén	英文	Zhōngwén	中文

First and Third　一声和三声

ānjiǎn	安检	duōjiǔ	多久	duōshǎo	多少	jīchǎng	机场
jīnglǐ	经理	kāishǐ	开始	shēntǐ	身体	xīnkǔ	辛苦

First and Fourth　一声和四声

bāngzhù	帮助	bīngkuài(r)	冰块(儿)	fāpiào	发票	gōngzuò	工作
jīhuì	机会	shāngdiàn	商店	shūdiàn	书店	shuōhuà	说话
tīngjiàn	听见	tōngguò	通过	tōngxìn	通信	xīwàng	希望
yīnyuè	音乐	yīnwèi	因为	zhīdào	知道	zhuānyè	专业

First and Neutral　一声和轻声

chuānghu	窗户	gēge	哥哥	māma	妈妈	shīfu	师傅
xiānsheng	先生	xiūxi	休息	yīfu	衣服		

SECOND TONE 第二声

Second and First 二声和一声

chángqī 长期   fángjiān 房间   guójiā 国家   hángkōng 航空

huíjiā 回家   qítā 其他   yánjiū 研究   yóuxiāng 邮箱

Second and Second 二声和二声

chángcháng 常常   chángchéng 长城   hóngchá 红茶   húntún 馄饨

láihuí 来回   míngnián 明年   tóngxué 同学   wéiqiáng 围墙

xuéxí 学习   yóujú 邮局

Second and Third 二声和三声

ménkǒu 门口   píjiǔ 啤酒

Second and Fourth 二声和四声

chángkù 长裤   chángxiù 长袖   fángfèi 房费   guójì 国际

guónèi 国内   liángcài 凉菜   píngxìn 平信   xíguàn 习惯

xuéxiào 学校   yánsè 颜色   yígòng 一共   yíxià 一下

yíyàng 一样   yóupiào 邮票

Second and Neutral 二声和轻声

huílai 回来   míngzi 名字   péngyou 朋友   shénme 什么

shíhou 时候

THIRD TONE 第三声

Third and First 三声和一声

bǎo'ān 保安   Běijīng 北京   bǐnggān 饼干   guǎngbō 广播

hǎohāo 好好   huǒchē 火车   jiǔbā 酒吧   lǎoshī 老师

lěngtiān 冷天   měitiān 每天   qǐfēi 起飞   wǎngbā 网吧

xǔduō　许多　　yǐjīng　　已经

Third and Second　三声和二声

dǎoyóu　　导游　　lǚxíng　　旅行　　měirén　　每人　　qǐchuáng 起床

ruǎnchuáng 软床　　xiǎoshí　小时　　zhǐtiáo　纸条

Third and Third　三声和三声

When a third tone is followed by another third tone, the first third tone is pronounced similar to the second tone. 当两个三声相连时,第一个三声发成半上声,类似于第二声。

kěyǐ　　可以　　lǚguǎn　　旅馆　　wǎngzhǐ　网址　　xiǎojiě　小姐

Third and Fourth　三声和四声

dǎyìn　　打印　　bǐjiào　　比较　　duǎnkù　　短裤　　gǎnxiè　感谢

kělè　　可乐　　ruǎnwò　　软卧　　wǎngzhàn 网站　　wǔjiào　午觉

xiǎofèi　小费　　xuěbì　　雪碧　　yǐhòu　　以后　　zhǔnbèi　准备

Third and Neutral　三声和轻声

Jiějie　姐姐　　lǐbian　里边　　wǎnshang　晚上　　zěnme　怎么

FOURTH TONE　第四声

Fourth and First　四声和一声

càidān　菜单　　qìchē　汽车　　xiànjīn　现金　　zhàngdān　账单

Fourth and Second　四声和二声

liànxí　　练习　　lǜchá　绿茶　　wèntí　问题　　yìngchuáng　硬床

zhàntái　站台

Fourth and Third　四声和三声

diànnǎo　电脑　　dìzhǐ　　地址　　fànguǎn　饭馆　　hàomǎ　号码

shànghǎi　上海　　shàngwǔ　上午

Fourth and Fourth   四声和四声

diànhuà   电话   duìmiàn   对面   hùzhào   护照   jiànmiàn   见面

sùshè   宿舍   yìngwò   硬卧   yuèduì   乐队   zàijiàn   再见

Fourth and Neutral   四声和轻声

bàba   爸爸   dìdi   弟弟   gàosu   告诉   kèqi   客气

kèren   客人   kùzi   裤子   mèimei   妹妹   wàibian   外边

wèizi   位子   xièxie   谢谢   yàoshi   钥匙   yìsi   意思

Yī and Bù   一和不的发音

When yī precedes a second or third tone, it is pronounced as a fourth tone.
当"一"在第二声或第三声前时，它发成第四声。

yìzhí   一直   yìqǐ   一起

When yī or bù precedes a fourth tone, it is pronounced as a second tone.
当"一"或"不"在第四声前时，它发成第二声。

yíyàng   一样   búshì   不是

Numbers   数字1–10, 0

yī   èr   sān   sì   wǔ   liù   qī   bā   jiǔ   shí, líng
一   二   三   四   五   六   七   八   九   十, 零 (0)

Please answer in Chinese：   请用中文回答

What is your telephone number?
你的电话号码是多少？

What is your driver's license number?
你的驾驶执照号码是多少？

What is your room number?
你的房间号码是多少？

What is your zip code?
你的邮政编码是多少？

Chinese Names   中文名字

A Chinese name has two parts：family and personal name, with family name first. The personal name usually has some meaning in it, such as 和平 hépíng "peace". Some personal names have only one character, while others have two. Thus a Chinese name usually consists of two or three characters. 中文名字由两部分构成：姓和名，姓在名前。名字通常有一定的意思，如"和平"。一般来说，名字由两三个汉字组成。

Your teacher will probably give you a Chinese name. 老师给学生起一个中文名字。

Introduction of Yourself　介绍自己

You need two Chinese words to introduce yourself. 用上下面两个词语介绍你自己。

wǒ 我　I, me　*pr.*

shì 是　to be (no change in form)　*v.*

Wǒ shì + your Chinese name.

Practice the pronunciation of your Chinese name. 练习说你的中文名字。

Introduce yourself to your classmates. 在同学间互相介绍自己。

2 Unit Two

第二单元

换钱 **Currency Exchange**

Huàn Qián

DIALOGUE I
对话(一)

你: Nín hǎo[1]! Wǒ huàn qián.
您 好! 我 换 钱。

Bank clerk: Hǎo[2], qǐng nǐ tián biǎo.
好, 请 你 填表。

你: Gěi nín biǎo.
给 您 表。

Bank clerk: Xièxie. Qǐng wèn, nǐ yǒu hùzhào ma[3]?
谢谢。 请 问, 你 有 护照 吗?

你: Yǒu, gěi nín.
有, 给 您。

(After the bank clerk counts money...)

Bank clerk: Qǐng nǐ diǎn qián.
请 你 点 钱。

你: Duōshao qián?
多少 钱?

Bank clerk: Liǎng qiān jiǔ bǎi liù shí kuài[4].
两 千九百 六十 块。

你: Duì, xièxie.
对, 谢谢。

Bank clerk: Bú xiè[5].
不谢。

New Words 生词

| 你 | nǐ | pr. |
| | you | |

| 好 | hǎo | adj. |
| | good | |

| 对
(對) | duì | adj. |
| | correct | |

| 护照
(護) | hùzhào | n. |
| | passport | |

| 填
(填) | tián | v. |
| | fill in | |

| 块
(塊) | kuài | m. |
| | a monetary unit of RMB(Rénmínbì) | |

| 百 | bǎi | num. |
| | hundred | |

| 换 | huàn | v. |
| | exchange | |

| 给
(給) | gěi | v. |
| | give | |

| 请
(請) | qǐng | v. |
| | please | |

| 吗
(嗎) | ma | p. |
| | question particle | |

| 您 | nín | pr. |
| | you | |

| 不 | bù | adv. |
| | not; no | |

| 有 | yǒu | v. |
| | have | |

| 表 | biǎo | n. |
| | form | |

| 钱
(錢) | qián | n. |
| | money | |

| 两 | liǎng | num. |
| | two | |

| 千 | qiān | num. |
| | thousand | |

| 点
(點) | diǎn | v./n. |
| | count/order/o'clock | |

| 问
(問) | wèn | v. |
| | ask | |

| 谢谢
(謝謝) | xièxie | v./n. |
| | thank you/thanks | |

| 多少 | duōshao | qp. |
| | how much/how many | |

1. Nín is a respectful form of address to a second person who is obviously older, such as an instructor. The most common greeting is "Nǐ hǎo" or "Nín hǎo" and the response can be the same. In addition, when an adjective like "hǎo" is in the place of predicate, no verb is needed. "您"是对对方的尊称。用于年纪明显比说话人大的人士。如：学生称呼老师。"你好"或"您好"是最常用的问候语。回礼也可以说"你好"或"您好"。在句子里，如果形容词出现在谓语的位置，就直接作谓语，不需要动词。

2. "Hǎo" is used as "O.K., sure" to a request. "好"用来表示许可或同意。

3. The "ma" question. A question and statement have the same word order. One common form of question is to add "ma" at the end of a statement. There is no universal affirmative or negative answer. Instead, an affirmative answer repeats the verb or adjective in the question. Negative answers are formed by a negative word plus the verb or adjective in the question. For example：A：Wǒ duì ma? B：Duì。（Bú duì。）

"吗"的问句。陈述句和疑问句的词序一样。一般疑问句可以以在陈述句尾加"吗"构成。回答一般问句时，肯定的答复是重复问句的谓语动词。否定答复则由否定词加谓语动词构成。举例：甲：我对吗？乙：对或者不对。

4. Numerals cannot directly modify nouns. Instead a measure word must be added before the noun. There is no universal measure word either. Which measure word to choose usually depends on the appearance of the item: shape, size, length, or kind. For example, traditionally Chinese money appeared in coins, hence the measure word kuài, meaning pieces. 数词必须加量词才能修饰名词。汉语也没有通用的量词。量词的不同一般取决于名词的形状，大小，长短，种类，等等。举例："钱"过去是以硬币的形式出现的。所以钱的量词是"块"。

5. One courteous reply to "Xièxie" is "Búxiè。" It implies "It's nothing, so you do not need to thank me." "不谢"是对"谢谢"的一种有礼之答。

Chinese Currency 中国的货币

Chinese currency is called 人民币 Rénmínbì. In spoken language, a monetary unit in China is called "块" kuài. In written language it is called "元" yuán. Currencies of one yuán or less have both paper and hard coin forms. Currencies over one yuán are all in paper forms. The highest value of a single paper bill is one hundred. On every unit of currency, there is an Arabic number and specially written characters denoting the value. These characters are only used in print.

一块钱　yí kuài qián

两块钱　liǎng kuài qián

五块钱　wǔ kuài qián

十块钱　shí kuài qián

二十块钱　èrshí kuài qián

五十块钱　wǔshí kuài qián

一百块钱　yìbǎi kuài qián

I. Can you pronounce the following *pīnyīn* accurately and recognize the meaning？ 拼音练习

qián   duōshǎo

nín   qián   tián   búduì

bǎi   diǎn   biǎo   gěi   hǎo   liǎng   nǐ   qǐng   wǒ   yǒu

duì   huàn   kuài   wèn   bù   hǎo   hùzhào   xièxie

II. How do you greet these two people respectively？ 怎么问候下面这两个人？

III. Please greet each other and introduce your-self. 互相打招呼并介绍自己。

IV. Ask two classmates' names politely using "qǐng wèn" **and** "ma". 用"请问"和"吗"问两个同学的名字。

V. "Guess Who?" First form a circle, each person extending one arm towards the center.   A blindfolded person walks to-wards you from the center.   When the person reaches your hand, he or she will say, "Nǐ shì … ma"？ If you are the person called, say "shì", and you become "blind." If not, say "búshì".   Then the person moves on. 做游戏：猜猜用手蒙你双眼的是谁，用上"你是……吗"和"是""不是"。

VI. Please use "yǒu" to make an affirmative statement with each of the following nouns. 用"有"造肯定句。

qián 钱　　　　　　　biǎo 表　　　　　　hùzhào 护照

VII. Say the negative forms of the following. 说下列肯定句的否定句。

1. Wǒ huàn qián。　我换钱。　　2. Wǒ tián biǎo。　我填表。

3. Wǒ diǎn qián。　我点钱。　　4. Wǒ gěi nǐ qián。　我给你钱。

VIII. Please turn the above statements into questions followed by affirmative and negative answers. 说出上面句子的疑问句并做肯定和否定回答。

IX. How to say the following numbers? 下面的数字怎么说?

10	20	35	68	99
100	200	420	570	714
1000	2000	5200	8340	6792

X. Please count in Chinese quietly how many students are in the class and report the number. 请你点班里的人数。

XI. Please make up groups of five. Each group member below 10 writes down a number on a slip of paper. Each of them must write down a number below 10, between 11 and 19, between 20 and 99, between 100 and 999, between 1000 and 9000. Hold one slip at a time and ask other group members "Duō shǎo qián?" Please use "Duì" or "Bú duì" to respond to your group members' answers. 五人一组,每人用小纸条写一个数字,数字分别为 1 到 9 的数字、11 到 19 的数字、20 到 99 的数字、100 到 999 的数字和 1000 到 9000 的数字。然后拿着纸条问别组的人"多少钱?"请用"对"或"不对"来回应他们的答案。

XII. How much money do you have with you? 你有多少钱?

DIALOGUE II
对话(二)

Bank Clerk： Nǐ yǒu qǔkuǎn kǎ ma?
你有 取 款 卡吗?

Nǐ： Yǒu。
你： 有。

Bank Clerk： Nǐ yě kěyǐ yòng qǔkuǎn jī huànqián。
你也可以用 取款机 换 钱。

New Words 生词

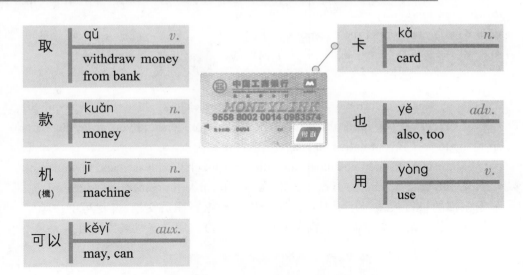

取	qǔ *v.* withdraw money from bank
款	kuǎn *n.* money
机 (機)	jī *n.* machine
可以	kěyǐ *aux.* may, can
卡	kǎ *n.* card
也	yě *adv.* also, too
用	yòng *v.* use

EXERCISES 练习

XIII. How to say the following when "yě" is added？下列句子加"也",怎么说?

1. Nín yǒu qǔkuǎn kǎ。
   您有取款卡。

2. Nǐ tián biǎo。
   你填表。

3. Wǒ huàn qián。
   我换钱。

4. Wǒ yòng qǔkuǎn jī。
   我用取款机。

XIV. In a group of two, turn the following statements into questions and answers, using "kěyǐ". 两人一组用"可以"变陈述句为问句并回答。

1. Wǒ yòng hùzhào。
   我用护照。

2. Wǒ diǎn qián。
   我点钱。

3. Nǐ gěi wǒ qián。
   你给我钱。

4. Wǒ wèn nǐ。
   我问你。

FIELD TASKS   交际任务

Always carry a pocket notebook and pen. 做课外交际任务一定要带一个本和笔。

1. Please greet three Chinese respectively. Both forms of greetings must be used. Write down what kinds of persons you have greeted, with what greeting, and their responses. 用"你好"和"您好"问候三个中国人。并记下他们的回答。

2. Please exchange currency in Chinese with a bank clerk. Passport is required. Repeat Chinese if you think the bank clerk does not understand you or he/she starts speaking to you in your native language. Record as much as possible and as soon as possible the conversation you have had with the bank clerk. Please hand in your bank receipt with your notebook. You can use a tape recorder or camcorder to record. 在一家中国的银行换钱,带上护照,尽量用中文跟银行职员交谈,并尽可能多地记录下你们的对话。交上你的银行收据和笔记本,可以用录音机或摄像机。

3
Unit Three

第三单元

饭 **Meals**

Fàn

DIALOGUE I
对话（一）

Nǐmén： Nǐ hǎo!
你们： 你 好!

Waiter： Nǐmen hǎo!
你们 好!

Waiter： Nǐmen yǒu jǐ ge rén[1]?
你们 有 几个人?

Nǐ: Liǎng ge rén。
你: 两 个 人。

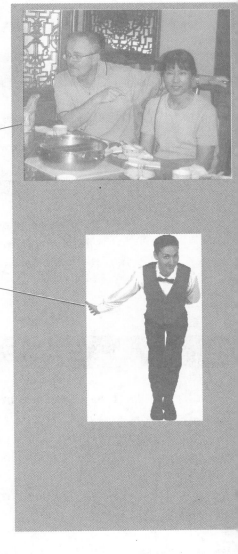

Waiter： Zuò zhèr hǎo ma?[2]
坐 这儿好吗?

Nǐ: Hǎo, xièxie。
你: 好，谢谢。

Waiter： Qǐng zuò。
请 坐。

New Words 生词

们 (們)	men	*p.*
	plural for humans	

人	rén	*n.*
	people, person	

这儿 (這兒)	zhèr	*dp.*
	here	

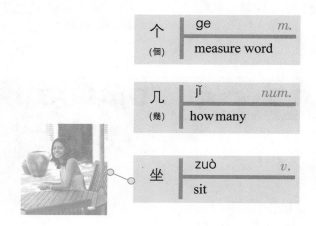

个 (個)	ge	*m.*
	measure word	

几 (幾)	jǐ	*num.*
	how many	

坐	zuò	*v.*
	sit	

NOTES 注释

1. "Jǐ" is used when the number is less than ten. Above ten, use "duōshao". "jǐ" is used together with measure words to ask "how many".
"几"和"多少"。在问句中，如问的数低于十，用"几"。"几"用来问多少时一定要跟量词一起用。

2. To ask about others' opinion, "Hǎo ma?" can be used. For example: "Nǐ gěi wǒ qián, hǎo ma?" 征求他人的意见时，可以用"好吗"。举例："你给我钱，好吗?"

EXERCISES 练习

I. Say the plural pronouns of the following：说下列单数人称的复数

1. Nǐ hǎo。　　　你好。

2. Wǒ huàn qián。　我换钱。

3. Wǒ tián biǎo。　我填表。

4. Wǒ diǎn qián。　我点钱。

5. Wǒ yǒu hùzhào。　我有护照。

6. Nǐ zuò。　　　你坐。

7. Nǐ huàn qián ma? 你换钱吗？

8. Nǐ yǒu duō shǎo qián? 你有多少钱?

II. Please make up questions and answers based on the pictures. 看图问答。

III. Ask and answer questions based on the underlined words. 就画线部分提问。

1. Wǒmen yǒu <u>sān ge</u> hùzhào。   我们有<u>三个</u>护照。

2. Wǒmen yǒu <u>liǎng ge</u> rén。   我们有<u>两个</u>人。

3. Wǒmen yǒu <u>bā kuài</u> qián。   我们有<u>八块</u>钱。

IV. Use "hǎo ma" to change the following statements into a polite request. 用 "好吗"提问并回答。

1. Gěi wǒ biǎo。   给我表。

2. Nǐmen zuò zhèr。   你们坐这儿。

3. Nǐ diǎn qián。   你点钱。

4. Wǒmen huàn qián。 我们换钱。

V. Please stand up and walk to the other side of the classroom and greet classmates there, including greeting, introduction of yourself, and ask them be seated. 请一部分学生站起来，走到教室的另一边。问另一边的同学好，介绍自己。另一边的同学请来人坐下。

DIALOGUE II
对话(二)

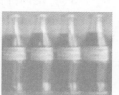

Nǐ： Wǒmen shì wàiguó[3] rén。
你： 我们 是 外国 人。

Qǐngwèn nǐmen yǒu Yīngwén càidānr ma?
请 问，你们 有 英文 菜单 吗？

Waiter： Méi yǒu[4]。 Wǒmen yǒu Zhōngwén càidānr, yào bu yào[5]?
没 有。 我 们 有 中文 菜单，要 不 要？

Nǐ： Yào, xièxie。
你： 要，谢谢。

Waiter： Qǐngwèn, nǐmen hē shénme?
请 问，你们 喝 什么？

(Pointing at a drink in the menu with pictures.)

Nǐ： Zhè[6] ge duōshao qián?
你： 这 个 多少 钱？

Waiter： Shí kuài。
十块。

Nǐ： Hǎo, wǒ hē zhè ge[3]。
你： 好，我 喝 这个。

Classmate： Wǒ yě yào zhè ge。 Wǒmen yí ge rén yào yí ge zhàngdān。
我 也要 这 个。 我 们 一个 人 要 一个 账单。

New Words 生词

国 (國)	guó *n.* country, nation
中	zhōng *n.* middle
中文	Zhōngwén *n.* Chinese language
这 (這)	zhè/zhèi *dp.* this
菜	cài *n.* dish/vegetables
账单 (賬單)	zhàngdān *n.* bill
喝	hē *v.* drink

外	wài *adj.* foreign/outside
文	wén *n.* language
英文	Yīngwén *n.* English language
什么 (麼)	shénme *dp.* what
菜单 (單)	càidān *n.* restaurant menu
要	yào *v.* want/need
没	méi *adv.* not

NOTES 注释

3. A Chinese way of thinking is categorical. Objects or people of the same category usually share the same root word. In most cases, "guó" is used as the last word after the name of a country. China is called "Zhōngguó", and England is called "Yīngguó". 中国人的逻辑思维可以说是分类性的。同类的人或事物一般都含有同类词。就国家来说，许多国家的名字都以"国"字结尾。如：中国、英国。

4. There are two negative adverbs in Chinese："bù" and "méi". 中文有两个否定词。 一个是"不"，一个是"没"。

5. Another question pattern is "verb negative verb" (v. + neg.+ v). For example：
A：Nǐ yào bu yào cài? B：Yào。 A：Nǐ yǒu méi yǒu cài? B：Méiyǒu。正反动词组成问句。举例：你要不要菜？要。你有没有菜？ 没有。

6. "Zhè" is a determiner pronoun. For example, zhè ge hùzhào, zhè ge rén. "这"是指示代词。举例：这个护照,这个人。

EXERCISES 练习

VI. Can you pronounce the following accurately and recognize the meaning?
拼音练习

hē zhōng Yīngguó Yīngwén Zhōngguó Zhōngwén

guó méi wén shénme

cài wài zhè yào càidān zhàngdān wàiguó

VII. Please introduce yourself to each other, including your name and nationality. If you do not know how to say your nationality, ask your teacher.
请每个学生介绍自己,包括名字和国籍。

VIII. Please change the following affirmative statements into negative ones.
请将下列肯定句变为否定句。

1. Wǒ yǒu qián。
我有钱。

2. Wǒmen yǒu càidān。
我们有菜单。

3. Nǐmen yǒu zhàngdān。
你们有账单。

4. Zhōngguó rén yǒu zhège。
中国人有这个。

IX. Change the following questions using the "v. +neg. v." pattern and answer each question. 用"正反动词"改说下面的问句。

1. Nǐ yào cài ma ?　你要菜吗？

2. Nǐ hē zhè ge ma ?　你喝这个吗？

3. Nǐ huàn qián ma ?　　　你换钱吗？

4. Nín shì wàiguó rén ma ?　您是外国人吗？

5. Cài hǎo ma ?　　　菜好吗？

6. Wǒmen duì ma ?　　　我们对吗？

X. Use "zhè"、"shénme" and the words you have learnt to ask and answer questions based on the pictures. 请看图片,用"这"、"什么"和学过的词语提问。

XI. Use "zhè" as a determiner pronoun to connect with the following nouns. 用"这"和下列名词组成短语。

hùzhào	guó	zhàngdān	càidān	qián
护照	国	账单	菜单	钱

DIALOGUE III
对话(三)

Waiter： Diǎn⁷cài ma?
点 菜吗?

Nǐ： Diǎn。 Wǒ yào yí ge xiā， yí ge yú， yì wǎn tāng。
你： 点。 我 要 一个虾, 一个鱼, 一碗汤。

Waiter： Yào bu yào miàn?
要 不 要 面?

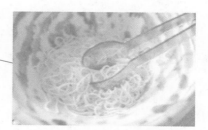

Nǐ： Bú yào。
你： 不要。

Waiter： Nǐ ne?
你呢? (turning to your classmate)

Classmate： Wǒ chī yíge méiyǒu ròu⁸ de cài,
我 吃一个没有 肉 的菜,

yào yì wǎn fàn。
要 一碗 饭。

(Now the waiter comes to your table with what you've ordered.)

Waiter： Yí ge xiā、yí ge yú、yì wǎn tāng、yì wǎn fàn、yí ge méiyǒu ròu de cài。
一个虾、一个鱼、一碗汤、一碗 饭、一个 没有 肉 的菜。

Nǐ:　　　Xièxie。　Qǐng nín gěi wǒmen zhàngdān。
你：　　谢谢。　请您 给我们　账 单。

New Words　生词

呢	ne	qp.
	question particle	

虾 (蝦)	xiā	n.
	shrimp	

肉	ròu	n.
	flesh/meat	

碗	wǎn	n./m.
	bowl	

面	miàn	n
	noodle/flour	

的	de	p.
	particle	

鱼 (魚)	yú	n.
	fish	

汤 (湯)	tāng	n.
	soup	

饭 (飯)	fàn	n.
	meal/cooked rice	

吃	chī	v.
	eat	

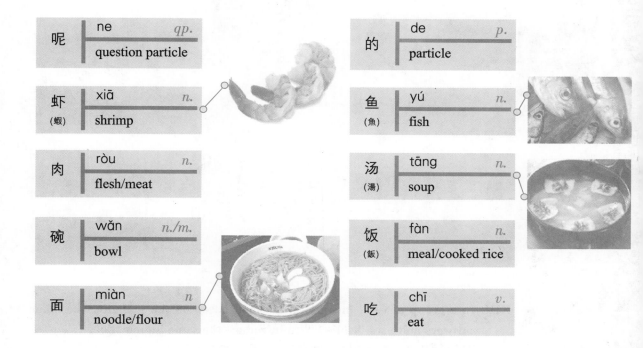

NOTES　注释

7. The verb diǎn has multiple meanings. In this unit, it means to order a dish in a restaurant. Also, in Chinese, if the context is clear, the subject of a sentence is often omitted. In this question, "Nǐ" is omitted. "点"有很多 意思。 在饭馆，"点"的意思是要某种菜。另外，如不影响意思的话，句子的主语可省略。

8. Ròu normally refers to the fleshy part of an animal. It does not refer to animals' feet, wings, intestines, necks, or tails. "肉"不包括爪子、翅膀、尾巴、内脏等。

EXERCISES 练习

XII. Use "Zhè shì shénme?" to form questions and answers based on the fol-
lowing pictures. 用"这是什么？"看图问答。

XIII. In a group of two, one asks a question based on the sentence; the other
answers and uses "Nǐ ne？" to introduce the same information.

把陈述句变问句问对方，对方答后，要问同样的问题。

Example， 我换钱。

A：Nǐ huàn qián ma？你换钱吗？

B：Bú huàn。不换。 Nǐ ne？你呢？

A：Wǒ yě bú huàn。 我也不换。

1. Wǒ yào xiā。我要虾。 2. Wǒ bù diǎn yú。我不点鱼。

3. Wǒ hē yì wǎn tāng。我喝一碗汤。 4. Wǒ yǒu fàn。我有饭。

5. Wǒ méiyou miàn。我没有面。 6. Wǒ bù chī ròu。我不吃肉。

XIV. Please form a possessive relationship between the pronouns and nouns.

变下列人称代词和名词为所属关系。

1. wǒ 我 qián 钱

2. nǐ 你 hùzhào 护照

3. nín	您	cài	菜
4. wǒmen	我们	zhàngdān	账单
5. nǐmen	你们	xiā	虾
6. zhè ge rén	这个人	yú	鱼
7. Zhōngguó rén	中国人	wǎn	碗
8. wàiguó rén	外国人	fàn	饭
9. Yīngguó rén	英国人	miàn	面

XV. Make up questions and answers using the "v. + neg. + v." pattern.
用正反动词问答。

Example(举例)： Wǒ yǒu hùzhào。我有护照。

A：Nǐ yǒu meiyǒu hùzhào？你有没有护照？

B：Wǒ yǒu。　　　　　　　　我有。

1. Zhè shì xiā。　　　　　　　　这是虾。

2. Zhèr méiyǒu Yīngwén càidān。　　这儿没有英文菜单。

3. Wǒ bù diǎn yú。　　　　　　　我不点鱼。

4. Nǐmen bú shì wàiguó rén。　　你们不是外国人。

FIELD TASKS　交际任务

1. Go to a student cafeteria or a restaurant and record in *Pinyin* the dishes such as meat, shrimp, fish, noodles, and rice. Also take notes of the number of these dishes. Please record the general price for each.

去一个学生食堂或餐厅。用拼音在本上记下餐厅里的菜、肉、虾、鱼、面食、米饭，并记下数量。每种菜或汤的大概价格是多少？

2. Order in Chinese at a restaurant. Please record the time you dined there, who was with you, what you ordered, and the price for each individual item. Be persistent in speaking Chinese, even if the waiter may not understand you at first, or if they start speaking English. As a convention, one is not expected to pay tips in a Chinese restaurant. You can also copy the Chinese characters of what you ordered. 用中文在饭馆点菜。 如果服务员听不懂的话，慢一点儿说，多说几次。用拼音记下你点了什么，多少钱。 一般来说，中国饭馆不用付小费。

4 Unit Four

第四单元

坐汽车 Taking Buses

Zuò Qìchē

DIALOGUE I
对话(一)

Nǐ: Lǎoshī, qǐngwèn zěnme qù Tiān'ānmén?
你: 老师，请问 怎么去 天安门？

Zuò[1] nǎ lù qìchē?
坐 哪路汽车？

Lǎoshī: Zuò sān lù qìchē。
老师: 坐 三路汽车。

Nǐ: Duìbuqǐ, wǒ bù dǒng。 Qǐng nín màndiǎnr[2] shuō。
你: 对不起，我 不懂。 请 您 慢点儿 说。

Lǎoshī: Méiguānxi, zuò sān lù qì chē。
老师: 没关系，坐 三 路汽车。

Nǐ: "Qì" shì dì jǐ shēng? "Chē" shì dì jǐ shēng?
你: "汽"是 第几声？ "车"是 第几声？

lǎoshī: "Qì" shì dì sì shēng, "chē" shì dì yī shēng。
老师: "汽"是 第四声， "车"是 第一声。

Nǐ: "Qìchē" shì shénme yìsi?
你: "汽车"是什么意思？

Lǎoshī: Shì gōnggòng qìchē de yìsi。
老师: 是 公共汽车 的意思。

Nǐ: Wǒ dǒng le, xièxie。
你: 我 懂 了，谢谢。

New Words 生词

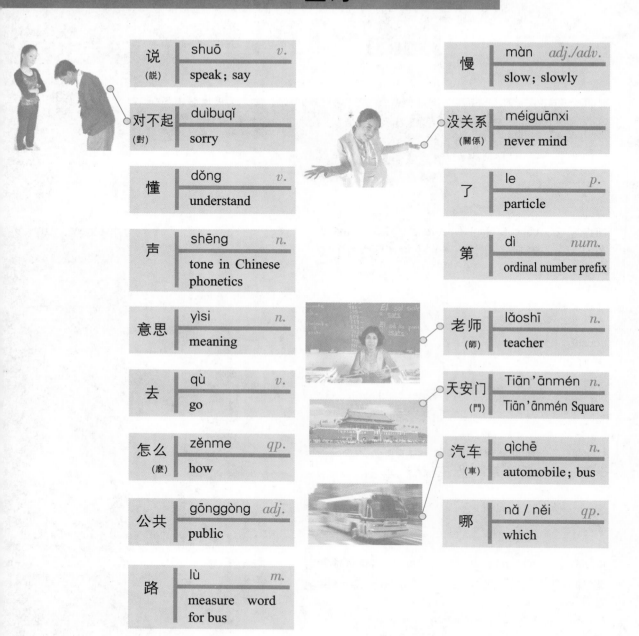

说
(説)　shuō　*v.*
speak; say

对不起
(對)　duìbuqǐ
sorry

懂　dǒng　*v.*
understand

声　shēng　*n.*
tone in Chinese phonetics

意思　yìsi　*n.*
meaning

去　qù　*v.*
go

怎么
(麼)　zěnme　*qp.*
how

公共　gōnggòng　*adj.*
public

路　lù　*m.*
measure word for bus

慢　màn　*adj./adv.*
slow; slowly

没关系
(關係)　méiguānxi
never mind

了　le　*p.*
particle

第　dì　*num.*
ordinal number prefix

老师
(師)　lǎoshī　*n.*
teacher

天安门
(門)　Tiān'ānmén　*n.*
Tiān'ānmén Square

汽车
(車)　qìchē　*n.*
automobile; bus

哪　nǎ / něi　*qp.*
which

NOTES 注释

1. "Zuò" preceding a means of transportation means " to take".

2. "Diǎnr" is the abbreviated form of "yìdiǎr," meaning a little bit. "点儿"是"一点儿"的意思。

EXERCISES 练习

I. **Three students make a group and ask "Zhè shì dì jǐ shēng? Zěnme shuō? Shénme yìsi?"** 三人一组，指一个拼音，问"这个是第几声，怎么说，什么意思？"

shēng shuō gōnggòng Tiān'ānmén

méiguānxi

dǒng nǎ lǎoshī zěnme

dì lù màn qù duìbuqǐ qìchē yìsi

II. **Please think about a Chinese word that you want to learn, and ask your teacher how to say the word and the tone of the word. Example："Money"** Zhōngwén zěnme shuō? Shì dì jǐ shēng? 想一个自己想学的字问老师，"……怎么说？" 老师答后，问老师"是第几声？"

III. **Ask questions about the underlined part in each statement.** 就划线部分提问。

Example(举例)： Wǒ yǒu zhè ge cài。　　我有这个菜。
　　　　　　　　Nǐ yǒu nǎ ge cài?　　你有哪个菜？

1. Zhè shì èr lù qìchē。　　　　　这是二路汽车。

2. Wǒ bú yào zhè ge cài。　　　　我不要这个菜。

3. Zhè ge lǎoshī shì Zhōngguó rén.　　这个老师是中国人。

4. Zhè ge hùzhào shì wǒde.　　这个护照是我的。

5. Wǒ hē zhè wǎn tāng.　　我喝这碗汤。

IV. Make a deliberate error such as calling someone the wrong name, so that you can apologize. When you apologize, the other person must give a response. 故意出错。如：叫错一个人的名字,向他道歉。接受道歉的学生说"没关系"。

V. Please form a straight line facing the teacher. One volunteer can count aloud from the first to the last person. The others in line ask the person who is counting answers. "Wǒ shì dì jǐ ge rén?" 站成一横排。面对老师。请一个学生出来大声地从第一数到最后一个人。 然后,请排里的学生问数数的学生,"我是第几个人?"

VI. Please bring your local map to class. Form groups of three. Each group should pick three different places to go to and ask each other how to get there. 请带当地交通图或地图到课堂来。三人一组,每人从地图上选一个想去的地方。然后问 "……怎么去?"

DIALOGUE Ⅱ
对话(二)

Nǐ:　　Qǐng wèn, zhè lù chē qù bu qù Tiān'ānmén?

你：　　请 问, 这路车 去不去 天安门?

Conductor:　　Qù, qǐng shàngchē.

去, 请 上车。

Nǐ：
你：Mǎi yì zhāng qù Tiān'ānmén de piào duōshǎo qián?
买 一 张 去 天安门 的 票 多少 钱？

Conductor：Sì kuài ... gěi nǐ piào。 Xià zhàn shì
四块……给你票。 下 站 是

(After a while...)

Tiān'ānmén, qǐng zhǔnbèi xiàchē。
天安门， 请 准备 下车。

(The bus has come to a stop.)

Tiān'ānmén dào le, qǐng xiàchē。
天安门 到了，请 下车。

Nǐ：
你：Zhè zhāng bàozhǐ duōshao qián?
这 张 报纸 多少 钱？

Seller：Wǔ máo³ wǔ fēn。
五毛 五分。

New Words 生词

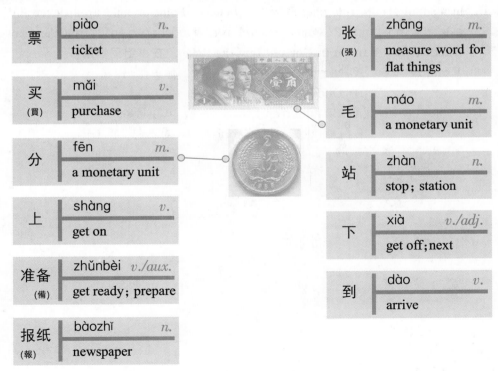

| 票 | piào | n. |
| | ticket | |

| 买 (買) | mǎi | v. |
| | purchase | |

| 分 | fēn | m. |
| | a monetary unit | |

| 上 | shàng | v. |
| | get on | |

| 准备 (備) | zhǔnbèi | v./aux. |
| | get ready; prepare | |

| 报纸 (報) | bàozhǐ | n. |
| | newspaper | |

| 张 (張) | zhāng | m. |
| | measure word for flat things | |

| 毛 | máo | m. |
| | a monetary unit | |

| 站 | zhàn | n. |
| | stop; station | |

| 下 | xià | v./adj. |
| | get off; next | |

| 到 | dào | v. |
| | arrive | |

NOTES 注释

3. "máo" in written Chinese is "jiǎo." 在书写币值时，用"角"。

EXERCISES 练习

VII. Use the appropriate measure word to connect the number or pronoun and the noun and fill in the blanks. 用量词连接下列数词或代词和名词。

1. liǎng__ biǎo   2. wǔ__piào
   两____表   五____票

3. zhè__piào   4. nà__biǎo
   这____票   那___表

VIII. Please bring a local transportation map to class. Point at a bus stop to ask what stop it is, what the last and next stop is. 指当地交通图上的一个车站问"这是什么车站？上站是什么站？下站是什么站？"

IX. In a small group, role play at selling tickets. Point or hold up a ticket and ask, "Nǐ mǎi...ma"? Others should ask, "Duōshao qián"? and then say whether they want to buy or not buy the ticket. 在小组里卖票。

Example(举例): A：Nǐ mǎi piào ma?   你买票吗？

B：Duōshǎo qián?   多少钱？

A：Bā kuài qián。   八块钱。

B：Duìbuqǐ, wǒ bù mǎi。   对不起，我不买。

DIALOGUE III
对话(三)

Nǐ: Qǐng wèn, qù Tiān'ānmén yào⁴ huàn chē ma?

你: 请 问，去 天安门 要 换 车吗?

Conductor: Yào.

要。

Nǐ: Qǐng nín gàosu wǒ zài nǎ zhàn huàn chē, huàn nǎ lù?

你: 请 您 告诉我 在 哪站 换 车, 换 哪路?

Conductor: Huàn liùshíqī lù.

换 67 路。

Conductor: Nǐ huàn chē de zhàn dào le, qǐng xiàchē.

你换 车的 站 到了, 请 下车。

New Words 生词

告诉 (诉)	gàosu	v.
	tell	

哪儿 (兒)	nǎr	qp.
	where	

在	zài	prep.
	in, at, on	

NOTES 注释

4. "Yào" as an auxiliary verb means "must, need to". "要" 作为助动词, 意思是必须。

X. Please form a circle as you did in Unit Two. One student volunteers for being blindfolded. The volunteer will ask "... zài nǎr"? The person being asked for should say "zài zhèr, zài zhèr" until the blindfolded person reaches the person. 围成一大圈，一个学生眼睛被蒙上，问某某在哪儿？被问到的人说"在这儿，在这儿"，一直说到找的学生走到跟前为止。

XI. Again in a small group, ask about a place on the map using "... zài nǎr"? The person being asked should say "zài zhèr," pointing at the place on the map. 在小组里，用地图轮流问某某地方在哪儿？被问的人指着地图说，在这儿。

XII. In a group of two, think of a place you would like to go today. Ask and answer each other "Nǐ qù nǎr"? and report to the class. 两人一组。问"你去哪儿"并汇报。

FIELD TASKS 交际任务

Record your experience taking the bus to and from your destination, including bus numbers, your destination (s), price of tickets, the number of buses you have taken. If you went with a group, please record each time you spoke up, whether you were the first or second or third, etc. to ask questions and buy tickets it.

Most bus stops list the bus number and use the arrow to indicate the direction in which the bus goes. The terminal stop of the bus route has the number 1 above it.

坐汽车。记下你坐的车号、车票的价钱、出发站、到达站及你是否换了车，换了哪路？如你和你的同学一起坐的车，请你也写下你是第几个买的票。

5
Unit Five

还坐什么车？ **What Other Transportations Can Take?**

Hái Zuò Shénme Chē

DIALOGUE I
对话(一)

Lǎoshī:	Zuótiān shéi qù Chángchéng[1] le[2]?
老师：	昨天 谁去 长城 了？

Nǐ:	Wǒ gēn tā.
你：	我 跟他。

Lǎoshī:	"Tā" shì shéi?
老师：	"他" 是谁？

Nǐ:	"Tā" shì Xiè Guó'ān.
你：	"他" 是谢国安。

Lǎoshī:	Nǐmen zěnme qù de[3]?
老师：	你们 怎么 去的？

Nǐ:	Zuò huǒchē qù de.
你：	坐 火车 去的。

Lǎoshī: Jǐ diǎn[4] de huǒchē? Shàngwǔ、xiàwǔ háishi wǎnshang[5] de huǒchē?

老师: 几点 的火车？ 上午、下午 还是 晚上的火车？

Nǐ: Shàngwǔ jiǔdiǎn de。

你 上午 九点 的。

Lǎoshī: Nǐmen zài nǎ ge zhàn shàng de huǒchē?

老师: 你们 在哪个 站 上 的火车？

Dōngzhàn、xīzhàn、nánzhàn háishi běizhàn?

东站、 西站、 南站 还是 北站？

Nǐ: Zài Běijīng xīzhàn。

你: 在北京西站。

Lǎoshī: Nǐmen zěnme qù de huǒchē zhàn?

老师: 你们 怎么去 的 火车 站？

Nǐ: Zuò chūzū, yě huàn le dìtiě。

你: 坐出租，也 换 了 地铁。

Lǎoshī: Zuò chūzū yě kěyǐ shuō dǎchē。

老师: 坐 出租 也可以说 打车。

New Words 生词

谁 (誰)	shéi / shuí _qp._		他/她	tā _pr._
	who			he/she

跟	gēn _prep._		上午	shàngwǔ _n._
	and			morning

晚上	wǎnshang _n._		下午	xiàwǔ _n._
	evening			afternoon

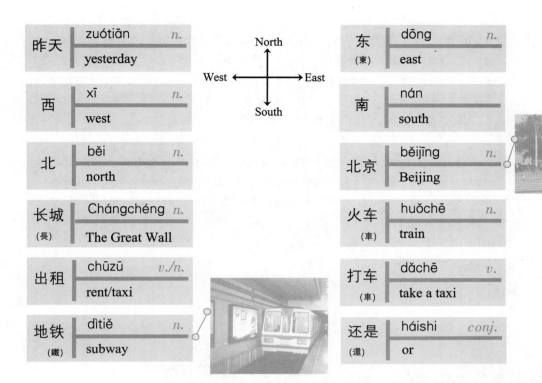

昨天	zuótiān _n._ yesterday
西	xī _n._ west
北	běi _n._ north
长城 (長)	Chángchéng _n._ The Great Wall
出租	chūzū _v./n._ rent/taxi
地铁 (鐵)	dìtiě _n._ subway

North
West ← → East
South

东 (東)	dōng _n._ east
南	nán _n._ south
北京	běijīng _n._ Beijing
火车 (車)	huǒchē _n._ train
打车 (車)	dǎchē _v._ take a taxi
还是 (還)	háishi _conj._ or

NOTES 注释

1. Chángchéng is known in the West as the Great Wall. Cháng literally means "long". "Chéng" refers to the city, town. 西方人管长城叫 Great Wall.

2. "Le" in this unit is used after an action verb to indicate that the action has been completed. This is not the same concept as past tense. "了" 用来表示已完成的动作。

3. "Shì...de" emphasizes how a completed action is done (a particular point of time, with whom, means). Sometimes "shì" is omitted. Example: "Nǐ shì zěnme qù de Chángchéng? Sometimes the noun following "de" can also be omitted. "是……的" 说明已做完的动作的时间、地点、方式等。"是" 排在被强调说明的部分前。"的" 排在词后。如不需强调的话,"是" 可以省略。举例:你是怎么去的长城?"的" 后的名词常常省略。

4. "Diǎn" or "diǎn zhōng" means "o'clock." Diǎn functions as the measure word. Very often, zhōng is omitted. To ask what time, one can say, "Jǐ diǎn（zhōng)"? Sometimes "le" is used at the end of the question as well. "点钟"表示时间。"点"是"钟"的量词。"钟"常常省略。所以，问时间说："几点？"也可以问，"几点了？"也可以答"一点""两点"。

5. In Chinese there is no word that means a.m. or p.m. Daytime is divided into three segments: shàngwǔ (morning), zhōngwǔ (noon), and xiàwǔ (afternoon). Wǎnshang is evening. Also big units of time are prior to small units of time. 白天的时间分成上午、中午、下午三个阶段。说时间时，先说阶段再说点钟。

Examples：1 p.m. = xiàwǔ yìdiǎn   下午一点
          10 p.m.= wǎnshang shídiǎn   晚上十点

EXERCISES 练习

I. **Please make up groups of three. In each group, ask and answer each other** "Zhè shì dìjǐ shēng? Zěnme shuō? Shénme yìsi? " 三人一组，指一个拼音问这个是第几声，怎么说，什么意思？

dōng gēn jīng tā xī chūzū chūzūqìchē zhōngwǔ

hái nán shéi chángchéng háishi zuótiān

běi wǎn wǔ Běijīng dǎchē huǒchē wǎnshang

dìtiě shàngwǔ xiàwǔ

II. **Everybody introduces yourself,   and be ready to answer** "Tā shì shéi?" 介绍自己，然后，老师问，"他是谁？""某某是谁？"

III. **Ask questions of the underlined part in the sentences below.**   就画线部分提问。
   First group:
   1. Wǒ dǎ le chē。   我打了车。

2. Tā shàng le dìtiě。 他上了地铁。

3. Lǎoshī qù le huǒchē zhàn。 老师去了火车站。

4. Tāmen mǎi le piào。 他们买了票。

5. Wǒ gēn Xiè Guóān qù le Chángchéng。 我跟谢国安去了长城。

Second group:
1. Wǒmen zuò qìchē qù de Tiān'ānmén。 我们坐汽车去的天安门。

2. Tā dǎchē qù de huǒchē zhàn。 她打车去的火车站。

3. Wǒ de lǎoshī zuò dìtiě qù de Chángchéng。 我的老师坐地铁去的长城。

4. Wǒ gēn tā zuò huǒchē qù de Yīngguó。 我跟他坐火车去的英国。

5. Wǒ mǎi piào shàng de chē。 我买票上的车。

Third group:
1. Wǒ shàngwǔ jiǔ diǎn qù de Běijīng。 我上午九点去的北京。

2. Tā zhōngwǔ shíèr diǎn shàng de qìchē。 他中午十二点上的汽车。

3. Wǒmen xiàwǔ liǎngdiǎn yào de cài。 我们下午两点要的菜。

4. Tāmen wǎnshang bādiǎn hē de tāng。 他们晚上八点喝的汤。

5. Wǒ gēn tā zuótiān shuō de zhōngwén。(nǎ tiān?)
我跟她昨天说的中文。（哪天？）

IV. In a group of two, answer questions based on your field tasks, and then report to class. 两个学生一组,请根据你做的课外任务回答问题,然后向班里汇报。

1. Zuótiān nǐ qù nǎr le? 昨天你去哪儿了？

2. Gēn shéi qù de? 跟谁去的？

3. Zěnme qù de? 怎么去的？

4. Zuò le shénme chē? 坐了什么车？

5. Mǎi piào le ma?　　买票了吗？

6. Shéi mǎi de piào?　　谁买的票？

7. Piào duōshao qián?　　票多少钱？

V. In a group of two, look at a map and use "háishi" to discuss where to go. Then tell the class your group's decision.　两人一组看地图，用"还是"选择一个去的地方。然后告诉全班。

VI. What time is it? Please include a subdivision of the day and hour.　说时间：几点几分。

VII. Please form a line facing the teacher. The teacher will call your name and ask you to move in a certain direction.　站成一横排，向老师说的方向走，如：去东边。

DIALOGUE II
对话(二)

Taxi Driver：　Nǐ hǎo! *Qù nǎr a?*
　　　　　　　你好! 去哪儿啊？

Nǐ：　　　　　Nǐ hǎo! Qù Běijīng Zhàn。
你：　　　　　你好! 去北京 站。

Taxi Driver：　... Běijīng zhàn *Dào le。*
　　　　　　　北京 站 到了。

Nǐ:	Duōshao qián?
你:	多少 钱?
Taxi Driver:	Shísān kuài。
	十三 块。
Nǐ:	Gěi nín shíwǔ kuài qián。
你:	给您 十五 块 钱。
Taxi Driver:	*Zhǎo nǐ liǎng kuài。* Gěi nǐ fāpiào。
	找 你 两 块。 给 你 发票。
Nǐ:	Xièxie。
你:	谢谢。

New Words 生词

啊	a	*p.*
	used at the end of a sentence to express doubt	

找	zhǎo	*v.*
	give change to	

发票 (發)	fāpiào	*n.*
	receipt	

EXERCISES 练习

VIII. Use a soft tone to ask questions. 请用温和的语气问下列问题

1. Nǐ shì shéí?　　　你是谁?

2. Diǎn shénme cài ?　　点什么菜?

3. Yào bu yào zhè ge?　　要不要这个?

4. Nǐmen qù nǎr ?　　你们去哪儿?

DIALOGUE III
对话(三)

Zài Huǒchē Zhàn
(在火车站)

Nǐ: Nín hǎo! Jīntiān shàngwǔ yǒu jǐ cì qù Chángchéng de chē?
你: 您 好! 今天 上午 有几次去 长城 的车?

Clerk: Liǎngcì。 Yícì jiǔdiǎn bàn, yícì shíyī diǎn shífēn。
两次。 一次 九点半,一次 十一点十分。

Nǐ: Wǒ mǎi jiǔdiǎn bàn de piào ba。
你: 我 买 九点 半 的 票 吧。

Qǐngwèn, zài nǎge zhàntái shàngchē?
请问, 在哪个 站台 上 车?

Clerk: Dì-èr zhàntái, gěi nǐ piào。
第二站台,给你票。

Nǐ: Chē jǐ diǎn dào Chángchéng?
你: 车 几点到 长城?

Clerk: Shídiǎn sìshí[6]。
十点 四十。

Nǐ: Xièxie。
你: 谢谢。

(Zài dì-èr zhàntái。 在第二站台。)

Nǐ: Zhè ge chē qù Chángchéng ma?
你: 这 个 车去 长城 吗?

Clerk: Qù, shàngchē ba。
去, 上车 吧。

New Words   生词

今天	jīntiān	*n.*
	today	

半	bàn	*n.*
	half	

吧	ba	*p.*
	a word implying suggestion	

分	fēn	*n.*
	minute	

次	cì	*m.*
	measure word	

站台	zhàntái	*n.*
(臺)	station platform	

NOTES   注释

6. "Fēn" is often omitted if the minutes are more than ten. Example: shídiǎn shíwǔ (fēn)。如果分钟大于"十","分":常常省略。 如：十点十五 (分)。

EXERCISES   练习

IX. What time is it? 几点 ？

X. What time is it? 几点几分?

XI. Please ask questions referring to the underlined part. 就下划线部分提问。

1. Wǒ zuótiān zuò le <u>liǎng cì</u> huǒchē。 我昨天坐了<u>两次</u>火车。

2. Tā mǎi le <u>sì cì</u> piào。 他买了<u>四次</u>票。

3. Wǒmen huàn le <u>wǔ cì</u> qián。 我们换了<u>五次</u>钱。

4. Tā yào le <u>sān cì</u> miàn。 她要了<u>三次</u>面。

5. Lǎoshī qù le <u>yí cì</u> wàiguó。 老师去了<u>一次</u>外国。

XII. In a group of two, please ask "Zhè shì shénme chē?" and answer based on the pictures: 这是什么车?

XIII. In the same group, please discuss the following questions according to your actual plan. Jīntiān nǐ qù nǎr? Zěnme qù? Zuò shénme chē? Gēn shéi qù? Jǐdiǎn qù? 按实际情况问答:今天你去哪儿?怎么去?坐什么车?跟谁去?几点去?

XIV. Use "ba" to make a suggestion. 用"吧"做一个建议。

FIELD TASKS 交际任务

Take the taxi, subway, or the train speaking Chinese. Be prepared to retell your experience, including destinations, the time, number and names of people with you, who bought the ticket, and ticket price.

打一次车或坐一次地铁和火车。说说你怎么坐的,几点坐的,跟谁坐的,谁买的票,怎么买的票,票多少钱,去哪儿了等等坐火车要说出你怎么去的火车站,坐了哪次车。

6 Unit Six

第六单元

付房费 **Paying for Your Room**

Fù Fángfèi

DIALOGUE I
对话(一)

Nǐ: Fúwùyuán nínhǎo！ Wǒ xiǎng fù fángfèi。

你： 服务员 您好！ 我 想 付房费。

Fúwùyuán: Hǎo, wǒ kěyǐ kàn yíxià[1] nǐ de hùzhào ma?

服务员： 好， 我 可以看一下 你的护照吗？

Nǐ: Kěyǐ, zhè shì wǒ de hùzhào。

你： 可以，这 是我 的 护照。

Fúwùyuán: Xièxie。 Nǐ zhù nǎ ge fángjiān a ?

服务员： 谢谢。你 住 哪个 房间 啊？

Nǐ: Sānlíngbā[2] hào。

你： 三〇八 号。

Fúwùyuán: Nǐ jiào[3] shénme míngzi?

服务员： 你叫 什么 名字？

Nǐ: Xiè Guó'ān。 Qǐngwèn, fángfèi yìtiān duōshao qián?

你： 谢 国安。 请问， 房费 一天 多少 钱？

Fúwùyuán: Yìtiān yìbǎi kuài。 Nǐ fù duōshao tiān a ?

服务员： 一天一百块。 你付 多少 天啊？

Nǐ: Fù yí ge yuè[4] de。

你： 付一个月的。

308

Fúwùyuán: Sānqiān kuài, yàoshi yājīn yìbǎi kuài, yígòng sānqiān yībǎi kuài.

服务员: 三千 块, 钥匙 押金一百块,一共 三千一百 块。

yòng xìnyòngkǎ、xiànjīn dōu[5] kěyǐ fù.

用 信用卡、现金 都可以付。

Nǐ: Wǒ yòng xìnyòngkǎ fù ba.

你: 我 用 信用卡 付吧。

New Words 生词

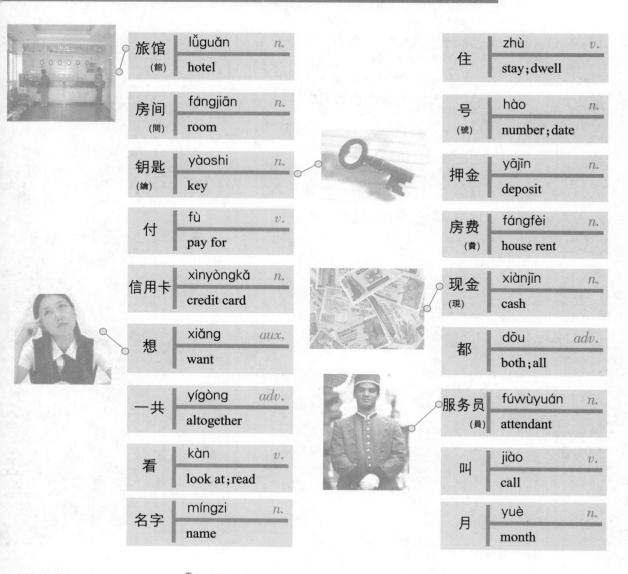

旅馆 (館)	lǔguǎn n. / hotel
房间 (間)	fángjiān n. / room
钥匙 (鑰)	yàoshi n. / key
付	fù v. / pay for
信用卡	xìnyòngkǎ n. / credit card
想	xiǎng aux. / want
一共	yígòng adv. / altogether
看	kàn v. / look at; read
名字	míngzi n. / name

住	zhù v. / stay; dwell
号 (號)	hào n. / number; date
押金	yājīn n. / deposit
房费 (費)	fángfèi n. / house rent
现金 (現)	xiànjīn n. / cash
都	dōu adv. / both; all
服务员 (員)	fúwùyuán n. / attendant
叫	jiào v. / call
月	yuè n. / month

NOTES 注释

1. "Yíxià" means "in a short while". Adverbs to indicate the duration of action appears after the verb. "一下"的意思是很短的时间。表示一个动作时间长短的副词放在动词后面。

2. The use of " 0 ". Unlike the case in English, where 3,050 kuài will be read as "three thousand and fifty kuài;" in Chinese, the zero must be pronounced. One must say "sānqiān líng wǔshí kuài." "零"的用法。

3. To express one's name, one can say "Wǒ de (míngzi) jiào...。" To ask about one's name, one can either say "Nǐ jiào shénme míngzi"? or "Nǐ jiào shénme"? 说你的名字用"我的(名字)叫……。"问人的名字可说,"你叫什么(名字)"?

4. Use "yuè" after a number to indicate a particular month of the year. To say one month, two months, this month, how many months, one must use the measure word "ge". For example：liǎng ge yuè (two months), shàng ge yuè (last month), zhè ge yuè (this month), xià ge yuè (next month). To indicate a day of the month, "hào" must be used after the number of the day. The temporary order is again from the biggest unit to the smallest. For example, May 10 is "wǔyuè shí hào". To ask what day it is, one can say, "Jīntiān shì (jǐyuè) jǐhào?" "月"的用法。

5. Although "dōu" is translated as "both, all," it is usually used after two or more nouns or pronouns.

EXERCISES 练习

I. **In a group of two, please ask and answer** "Zhè ge zěnme shuō? Dì jǐ shēng? Shénme yìsi?" 两人一组,问答"这个怎么说? 第几声? 什么意思?"

dōu   bāyuè   qīyuè   sānyuè   yājīn

líng   fángfèi   fángjiān   fúwùyuán   míngzi

shíyuè   shíyīyuè   shíèryuè   yíyuè   yígòng

jiǔyuè   lǚguǎn   wǔyu   xiǎng

fù   hào   jiào   kàn   zhù   èryuè   fùqián   liùyuè   sìyuè   xiànjīn
xìnyòngkǎ   yàoshi

II. Make a short dialogue using "Nǐ zhù nǎr?"   看图问答,"你住哪儿?"

308

III.   In a group,   each student should point at a different day and ask others
"Zhè shì jǐyuè jǐhào?"   在小组里,一人指一个月的某一天问:"这是几月几号?"不能指同一个月或同一号。

JANUARY 一月	FEBRUARY 二月	MARCH 三月	APRIL 四月

MAY 五月	JUNE 六月	JULY 七月	AUGUST 八月

SEPTEMBER 九月	OCTOBER 十月	NOVEMBER 十一月	DECEMBER 十二月

IV. Practice the use of "xiǎng".   用"想"改变下列句子。

First, add "xiǎng" in the sentences.   在下列句子中加"想"。

Wǒ jīntiān qù Chángchéng。   我今天去长城。

Wǒmen xiàge yuè zuò huǒchē。 我们下个月坐火车。

Wǒ de lǎoshī zài lǚguǎn kàn càidān。 我的老师在旅馆看菜单。

Wǒ yòng xiànjīn fùqián。 我用现金付钱。

Then use "xiǎng ...ma" to form a question. 用"想……吗"提问。

As the third step, use "xiǎng bu xiǎng" to form a question. 用"想不想"提问。

V. Form questions with reference to the underlined parts. 就画线部分提问。

Tāmen shuō le yí ge yuè de zhōngwén。 他们说了一个月的中文。

Xiè Guóān fù le liǎng ge yuè de fángfèi。 谢国安付了两个月的房费。

Wǒmen zuò le wǔ ge yuè de dìtiě。 我们坐了五个月的地铁。

Tā xiǎng zài Yīngguó zhù sì ge yuè。 他想在英国住四个月。

VI. Say the following numbers in Chinese. 念出下面的数。

310, 607, 908, 540, 1020, 1070

VII. Which question to ask "Yígòng duōshao?" or "Yígòng jǐ ge?" 用"一共多少?"还是"一共几个?"问?

VIII. Use "gēn" and "dōu" to combine sentences. 用"跟""都"合并句子。

1. Wàiguórén qù Chángchéng。
   外国人去长城。
   Zhōngguórén qù Chángchéng。
   中国人去长城。

2. Xiè lǎoshī zài lǚguǎn kàn Zhōngwén càidān。
   谢老师在旅馆看中文菜单。
   Zhāng lǎoshī zài lǚguǎn kàn Zhōngwén càidān。
   张老师在旅馆看中文菜单。

3. Wǒ fù chēfèi.
   我付车费。

   Tā fù chēfèi.
   她付车费。

4. Wàiguó de cài hǎo.
   外国的菜好。

   Zhōngguó de cài hǎo.
   中国的菜好。

DIALOGUE II
对话(二)

Nǐ: Fúwùyuán nín hǎo!   Wǒ xiǎng fù wǒ sùshè de fángfèi.
你：   服务员 您好!   我 想 付 我 宿舍 的 房费。

Fúwùyuán: Nǐ shì nǎ ge fángjiān de?
服务员：   你是哪个房间 的?

Nǐ: Èrliùjiǔ hào fángjiān de.   Wǒ xiǎng fù liǎng ge xīngqī[6].
你：   二六九号房间的。   我 想付 两个 星期。

Fúwùyuán: Méi wèntí, jīntiān shì xīngqī rì[7], wǔyuè shísān hào.
服务员：   没 问题,今天 是 星期日,五月 十三 号。

Liǎng ge xīngqī jiùshì wǔyuè èrshíqī hào.
两 个星期 就是五月二十七号。

Nǐ: Shōu xìnyòngkǎ ma?
你：   收 信用卡 吗?

Fúwùyuán: Duìbuqǐ, jīnnián[8] wǒmen de lǚguǎn gēn fànguǎn dōu bù shōu xìnyòngkǎ.
服务员：   对不起,今年 我们 的 旅馆 跟 饭馆 都 不收 信用卡。

New Words　生词

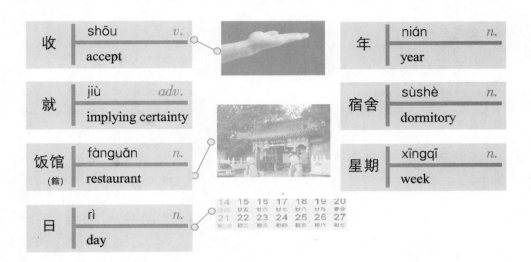

收	shōu　*v.* accept	
就	jiù　*adv.* implying certainty	
饭馆 (館)	fànguǎn　*n.* restaurant	
日	rì　*n.* day	

年	nián　*n.* year
宿舍	sùshè　*n.* dormitory
星期	xīngqī　*n.* week

NOTES　注释

6. To say a day of the week simply add a number after "xīngqī", such as "xīngqī yī (Monday)", "xīngqī èr (Tuesday)."　"Shàng (ge) xīngqī" means last week; "zhè(ge) xīngqī" is this week; "xià (ge) xīngqī" is next week. To ask what day of the week it is, say "Jīntiān shì xīngqī jǐ?" "星期" 的用法。

7. For Sunday, "xīngqī rì" is more formal than "xīngqī tiān".
"星期日"比"星期天"正式。

8. To say "this year" is "jīn nián." "Last year" is "qù nián."
"this year"是"今年"。"Last year"是"去年"。

EXERCISES　练习

IX. In a group, point at a day of the week and ask "Zhè shì xīngqī jǐ?" 在小组中每人指某一天问 "这是星期几？"

Sunday	Monday	Tuesday	Wednesday	Thrusday	Friday	Saturday
	1	2	3	4	5	6
7	8	9	10	11	12	13
14	15	16	17	18	19	20
21	22	23	24	25	26	27
28	29	30	31			

X. Ask questions about the underlined parts. 就下划线部分提问。

Tā xué le <u>wǔ ge xīngqī</u> de Zhōngwén。   她学了<u>五个星期</u>的中文。

Wǒ hē le <u>sān ge xīngqī</u> de tāng。   我喝了<u>三个星期</u>的汤。

Wǒmen zuò le <u>yí ge xīngqī</u> de huǒchē。   我们坐了<u>一个星期</u>的火车。

Tāmen fù le <u>liǎng ge xīngqī</u> dē fángfèi。   她们付了<u>两个星期</u>的房费。

XI. Please say the following dates in Chinese. 请用中文说出下列日期。
For example(举例)：
Jan. 20, 2004, èr línglíngsì nián yīyuè èrshí hào, 二〇〇四年一月二十号

March 11, 2002   September 6, 2001 July 4, 1998   August 12, 2003

XII. In a group of two, ask "Nǐ zhù nǎr? Nǐ zhù nǎ ge fángjiān? Duōshao qián? Shuí fù fángfèi? Yòng shénme fù?" **and report to the class.** 两人一组问"你住哪儿？你住哪个房间？多少钱？谁付房费？用什么付？"然后向班里汇报。

1. Please pay for your room and record the dialogue. Bring your receipt to class and tell about your experience. 请交你的房费并记录对话，带着收据到教室，并讲一讲你的经历。

2. Starting from today, record the time and date, day of the week of your activities, applying those you have learned in the book so far. For example, if you have made purchases, note these and record the cost. 从今天起，记录每天的课外任务时，请写上日期。

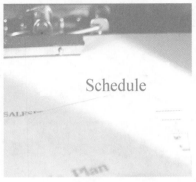

7

Unit Seven

第七单元

电话和电脑 **Telephone and Computer**

Diànhuà hé Diànnǎo

DIALOGUE I
对话(一)

Mǎi Diànhuà Kǎ
(买电话卡)

Nǐ:　　　　　　　Shīfu, nín hǎo!　Nín zhèr mài diànhuàkǎ ma?
你：　　　　　　师傅,您好!　您这儿卖 电话卡 吗?

Shòuhuòyuán:　Mài。
售货员：　　　卖。

Nǐ:　　　　　　　Dǎ guójì diànhuà yìfēnzhōng[1] duōshao qián?
你：　　　　　　打 国际 电话 一分钟　多少　钱?

Shòuhuòyuán:　Wǔ kuài qián。
售货员：　　　五　块　钱。

Nǐ:　　　　　　　Yì zhāng kǎ duōshao qián?
你：　　　　　　一 张 卡 多少　钱?

Shòuhuòyuán:　Yìbǎi kuài。
售货员　　　　一百块。

Nǐ:　　　　　　　Hǎo, wǒ mǎi yì zhāng diànhuà kǎ。
你：　　　　　　好,我 买一　张　电话　卡。

　　　　　　　　Qǐngwèn,zhè zhāng kǎ zěnme yòng?
　　　　　　　　请 问, 这 张 卡 怎么 用?

Shòuhuòyuán： Nǐ <u>xiān</u> dǎ zhè ge hào，<u>zài</u> dǎ guójì hàomǎ²
售货员： 你<u>先</u> 打 这个号，<u>再</u> 打国际号码 、

nǐ de guójiā³、dìqū hàomǎ děng⁴，
你的国家、地区号码 等，

Zài dǎ nǐ de mìmǎ。
再打你的密码。

Nǐ： Wǒ dǒng le，xièxie。
你： 我 懂 了，谢谢。

New Words 生词

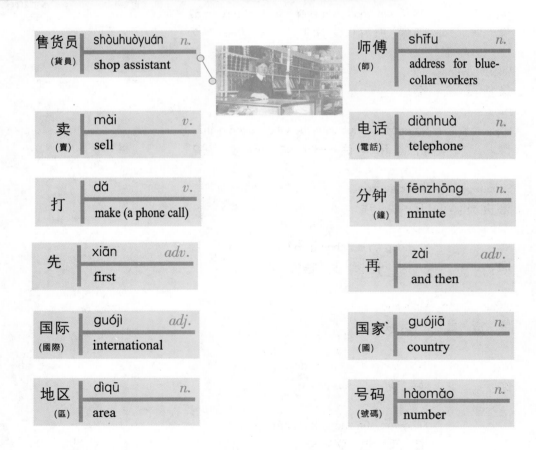

售货员 (货员)	shòuhuòyuán *n.* / shop assistant
卖 (賣)	mài *v.* / sell
打	dǎ *v.* / make (a phone call)
先	xiān *adv.* / first
国际 (國際)	guójì *adj.* / international
地区 (區)	dìqū *n.* / area

师傅 (師)	shīfu *n.* / address for blue-collar workers
电话 (電話)	diànhuà *n.* / telephone
分钟 (鐘)	fēnzhōng *n.* / minute
再	zài *adv.* / and then
国家 (國)	guójiā *n.* / country
号码 (號碼)	hàomǎo *n.* / number

密码 (码)	mìmǎ	*n.*
	secret code	

等	děng	*p.*
	and so on	

NOTES 注释

1. To say the amount of minutes alone, "fēnzhōng" must be used. 如单独用，"分钟" 的钟一定不能省。

2. "Hàomǎ" is idiomatically used with phone; whereas "hào" is associated with rooms, etc. To ask about one's phone number, one can say, "Nǐ de diànhuà (hàomǎ) shì duōshao"? "号码" 习惯上用于电话, 而 "号" 用于房间, 等。问电话号码时, 一般问 "你的电话 (号码) 是多少"?

3. "Guójiā" means country as a general term. It is not used to refer to a particular name of a country.

4. "Děng" is a particle here, meaning "etc." and can be reduplicated as in "Děngděng." "等" 可以重叠使用。

EXERCISES 练习

I. Ask each other "Nǐ jiào tā shénme?" in the following pictures: 怎么称呼以下人员

II. Ask each other "Nǐ mài shénme?" 你卖什么?

III. In a group of two, ask and answer "Nǐ de diànhuà hàomǎ shì shénme?" Then report to class in the name of the third person. 两人一组互相问答你的电话号码是什么。然后在班里汇报。

IV. Use "xiān" and "zài" to make up sentences using the following words. 用"先"和"后"造句。

1. shàng chē	mǎi piào	上车	买票
2. shàng	xià	上	下
3. huàn	shuō	换	说
4. hē zhège	chī nàge	喝这个	吃那个
5. tián	wèn	填	问
6. dǎ	fùqián	打	付钱

V. Please report to the class the process of making a phone call from China to your home. 从中国给你家打电话怎么打?

DIALOGUE II
对话(二)

Zài Wǎngbā⁵
(在 网吧)

Nǐ: Shīfu, nín hǎo! Qǐngwèn, yòng diànnǎo⁶ zěnme fùqián a?
你: 师傅,您好! 请问,用 电脑 怎么 付钱啊?

Shīfu: Qǐng nǐ xiān fù sānshí kuài de yājīn。
师傅: 请 你 先 付 三十 块 的 押金。

Nǐ: Yòng yì ge xiǎoshí duōshao qián?
你: 用 一个小时 多少钱?

Shīfu: Sì kuài。 Nǐ kěyǐ yòng shíbā hào diànnǎo。
师傅: 四块。 你 可以 用 十八号 电脑。

Nǐ: Hǎo, xièxie。
你: 好,谢谢。

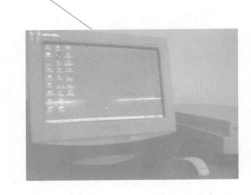

Shīfu: Zhīdào zěnme yòng diànnǎo ma?
师傅: 知道 怎么 用 电脑吗?

Nǐ: Zhīdào。
你: 知道。

New Words 生词

电脑	diànnǎo	*n.*
(電腦)	computer	

知道	zhīdào	*v.*
	know	

网吧	wǎngbā	*n.*
	computer lab; internet café	

小时	xiǎoshí	*n.*
	hour	

NOTES 注释

5. "Wǎngbā" is a new coinage, referring to a designated place where one can get access to online service. "网吧" 是近几年的新词。指专门上网的地方。

6. Colloquially, "yòng diànnǎo" is called "shàng jī." 用电脑也叫上机。

EXERCISES 练习

VI. Please ask each other "Zhè ge zěnme shuō? Dì jǐ shēng? Shénme yìsi?" about each of the following words. 这个怎么说？第几声？是什么意思？

shīfu   fēnzhōng   zhīdào   xiān

guójì   guójiā

děng   wǎngbā

dìqū   diànhuà   diànnǎo   hàomǎ   mài   zài   mìmǎ   shòuhuòyuán

VII. Find out who has and has not got a computer in your class. 请找出你的班里谁有电脑。

FIELD TASKS　交际任务

1．Please bring a phone card to class and tell the class how you bought the card and how to use the card. 带一张电话卡到课堂来。在课堂上，告诉同学你怎么买的电话卡。 你的电话卡怎么用。

2．Please visit an Internet café . Describe it to the class how to pay for using the computer there. 请你说说在网吧使用电脑怎么付钱。

8
Unit Eight

第八单元

买衣服 **Buying Clothes**

Mǎi Yīfu

DIALOGUE I
对话(一)

Nǐ: Shīfu, wǒ xiǎng *mǎi yì tiáo[1] kùzi*。
你: 师傅,我 想 买一 条 裤子。

Shīfu: Chángkù háishi duǎnkù? Yào shénme hào de? Wǒmen yǒu dàhào,
师傅:长 裤 还是 短 裤? 要 什 么 号 的? 我 们 有 大 号,

zhōnghào hé xiǎohào de kùzi。
中 号 和 小 号 的 裤子。

Nǐ: Wǒ yào yì tiáo Chángkù。Yào *dàhào de*。
你: 我 要 一条 长裤。要 大号的。

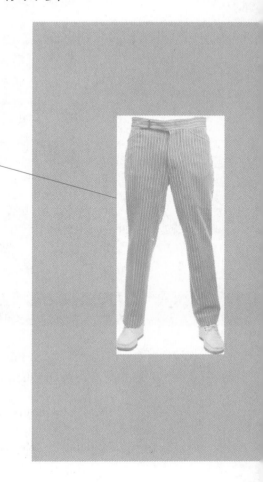

Shīfu: Yào shénme yánsè?
师傅:要 什 么 颜色?

Nǐ: Wǒ xǐhuan chuān *hēi de*。
你: 我 喜欢 穿 黑的。

Shīfu: Duìbuqǐ, wǒmen zhǐ yǒu *lánsè de kùzi*。
师傅:对不起,我们 只 有 蓝色的裤子。

Nǐ: *Lán de* yě kěyǐ。 Wǒ kěyǐ *shì yíxià* ma?
你: 蓝的也可以。我可以试一下吗?

Shīfu: Kěyǐ, *zài nàr*。
师傅:可以,在那儿。

Nǐ: Xièxie, tài *héshì* le[3]。
你: 谢谢,太合适了。

New Words　生词

| 商店 | shāngdiàn | n. |
| | store | |

| 小 | xiǎo | adj. |
| | small | |

| 衣服 | yīfu | n. |
| | clothing | |

| 裤子 (裤) | kùzi | n. |
| | pants | |

| 短 | duǎn | adj./sv. |
| | short | |

| 黑 | hēi | adj. |
| | black | |

| 试 (試) | shì | v. |
| | try; try on | |

| 合适 (適) | héshì | adj. |
| | fit; suitable | |

| 那儿 (兒) | nàr | dp. |
| | there | |

| 大 | dà | adj. |
| | big; large | |

| 喜欢 | xǐhuan | v. |
| | like | |

| 穿 | chuān | v. |
| | wear | |

| 条 (條) | tiáo | m. |
| | measure word | |

| 颜色 (顏) | yánsè | n. |
| | color | |

| 蓝 (藍) | lán | adj. |
| | blue | |

| 只 | zhǐ | adv. |
| | only | |

| 太 | tài | adv. |
| | extremely | |

NOTES　注释

1. "Tiáo" is a measure word for long strip of things, such as a street, a carton, fish, skirt, or long and short pants. "条"的用法。

2. "Hào" here means size. "号"指衣服的大小。

3. Idiomatically "tài" is used with "le."

EXERCISES 练习

I. Use "tiáo" to ask according to the following pictures. 几条什么？

II. Ask which is short, which is long in the following pictures. 哪个长，哪个短？

III. Identify the objects in the pictures below. Compare similar objects in two pictures ,also say which is smaller and which is bigger. 两张照片一组。先问各是什么？再问哪个大，哪个小？

Example(举例):

Zhè shì shénme?　这是什么？

Nǎ ge fēijī dà?　　哪个飞机大？

Nǎ ge xiǎo?　　　哪个小？

 + 　 +

IV. Use "duì...héshì" ask and answer questions.　用"……合适"问答。

Example(举例)：　zhè ge yuè　　Zhè ge yuè duì nǐ héshì ma?　　Bù héshì。
　　　　　　　　这个月　　　　这个月对你合适吗？　　　　不合适。

1. zhè ge diànnǎo 这个电脑　　2. zhè zhāng diànhuàkǎ 这张电话卡

3. zhè cì huǒchē   这次火车   4. zhè tiáo kùzi   这条裤子

5. zhè ge xīngqī   这个星期   6. zhè ge fànguǎn   这个饭馆

V. Please tell your classmates what you like and dislike using the nouns and pronouns you have learned.   你喜欢什么？不喜欢什么？

DIALOGUE II
对话(二)

Nǐ: Shīfu, nín zhèr mài shàngyī ma?
你：   师傅，您这儿卖 上 衣 吗？

Shīfu: Mài, nǐ yào duǎnxiù háishi chángxiù? Yào nǎ ge yánsè? Duō dà hào⁴ de?
师傅：卖，你要 短袖 还是 长袖？要 哪个颜色？ 多 大 号 的？

Nǐ: Wǒ yào yí jiàn⁵ fěnsè de chángxiù chènshān, yào xiǎohào de。 Hái yào yí jiàn
你：   我 要 一件 粉色的 长袖 衬 衫，要 小号 的。 还 要 一 件

huāsè duǎnxiù, yào zhōnghào de。
花色 短袖，要 中 号 的。

Shīfu: Hǎo, děngyíxià。
师傅：好，等一下。

Nǐ: Qǐngwèn, chènshān zài xǐyīfáng xǐ le huì bu huì duǎn?
你：   请问   衬衫 在 洗衣房洗了会不会 短？

Shīfu: Bú huì, dànshì bú yào⁶ hōng gān。
师傅：不 会，但是 不 要 烘 干。

Nǐ: Wǒ hái xiǎng mǎi yì shuāng bái xié gēn yì tiáo qúnzi。
你：   我 还 想 买 一双 白鞋 跟 一条裙子。

Shīfu: Méi wèntí。
师傅：没 问题。

New Words 生词

衬衫
(襯)
| chènshān | n. |
| shirt |

袖
| xiù | n. |
| sleeve |

粉
| fěn | adj. |
| pink |

鞋
| xié | n. |
| shoes |

裙子
| qúnzi | n. |
| skirt |

烘干
(乾)
| hōnggān | v. |
| dry beside /over a fire |

会
| huì | aux. |
| will; can |

件
| jiàn | m. |
| measure word |

白
| bái | adj. |
| white |

花
| huā | adj./n. |
| multi-colored/flower |

双
(雙)
| shuāng | adj./m. |
| pair (for things) |

洗
| xǐ | v. |
| wash |

但是
| dànshì | conj. |
| but |

问题
| wèntí | n. |
| problem |

NOTES 注释

4. "Duō dà hào?" means "shénme hào". "多大号?"是"什么号?"的意思。

5. "Jiàn" is a measure word for clothing or intangible things. Examples: a upper garment, a piece of work, a matter. "件"是个体事物的量词。如：一件衣服，一件工作，一件事。

6. Here "búyào" means "don't do something."

EXERCISES 练习

VI. Please ask each other "Zhè ge zěnme shuō? Dì jǐ shēng? Shénme yìsi?"
这个怎么说？第几声？是什么意思？

chuān   hēi   hēiyánsè   hōnggān   huā   huāyánsè   shāngdiàn
shuāng   yīfu

bái   báiyánsè   chángkù   chángxiù   héshì   lán   lányánsè   tiáo
xié   yánsè

duǎn   duǎnkù   duǎnxiù   fěn   fěnyánsè   xǐ   xiǎo   xǐhuān   xǐyīfáng

dà   chènshān   dànshì   huì   jiàn   kùzi   shàngyi   shì   tài
wèntí   xiù   yíshuāngxié   yì   tiáo   kùzi

VII. Among yourselves ask and answer "Zhè shì shénme yīfu?" 这是什么衣服？

VIII. Among yourselves ask and answer "Zhè shì jǐ shuāng xié?" 这是几双鞋？

IX. In a group of two, ask each other "Nǐ xǐhuan chuān shénme yīfu, shénme yánsè, shénme xié?" **Then report to class.** 两人一组，互相问答"你喜欢穿什么衣服，什么颜色，什么鞋？"然后给全班汇报。

X. Please ask each other and answer "Nǐ zài nǎr xǐ yīfu? Nǐ zài xǐyīfáng xǐ háishi zài nǐ de fángjiān xǐ?" 你在哪儿洗衣服？在洗衣房洗还是在你的房间洗？

XI. Use "huì" (as "will") to dialogue：用"会"组成对话

Example(举例)：Jīntiān qù Chángchéng。
今天 去　长城。
Nǐ jīntiān huì qù nǎr?　Wǒ jīntiān huì qù Chángchéng。
你 今天 会 去 哪儿?　我　今天 会 去　长城。

1. xià ge yuè mǎi diànnào　　下个月买电脑

2. zhè ge xīngqī xǐ yīfu　　这个星期洗衣服

3. wǎnshang qù fànguǎn　　晚上去饭馆

4. xǐhuan tā　　喜欢他

5. qù shāngdiàn　　去商店

XII. Use "huì" (as "can, be able to") to dialogue：用"会"组成对话

Example(举例)：　Wǒ mǎi yīfu。　Nǐ huì shénme?　Wǒ huì mǎi yīfu。
我买衣服。　你 会 什么?　我 会买 衣服。

1. Wǒ shuō Yīngwén。　　我说英文。

2. Tāmen shuō Zhōngwén。　　他们说中文。

3. Tā dǎ guójì diànhuà。　　她打国际电话。

4. Wǒ zuò huǒchē。　　我坐火车。

5. Wǒmen dōu yòng diànnǎo。　我们都用电脑。

FIELD TASKS　交际任务

1. Please pay a visit to a department store.　Make a record of the colors and sizes of upper garments, pants, skirts and shoes.　Please ask the name of the store as well.　In class you will also be asked to report who went with you,　when you went,　and how you went there.　去一个商店看有什么颜色、什么号的上衣、裤子、裙子和鞋。在班里汇报：包括商店的名字,你怎么去的商店,什么时候去的,和谁去的。

2. If you have bought clothing and shoes, please bring some to class and do a "Show and Tell." If you have not bought clothing, please bring any clean outer shirts and pants to class and do the same activity. 你如买了衣服和鞋，请你带到班里来。 说你在什么商店买的，怎么去的，怎么买的，具体买了什么衣服。你如没买衣服，可以带衣服来，做同样的解说。

9

第九单元

在旅行社 **At a Travel Agency**

Zài Lǚxíngshè

DIALOGUE I
对话(一)

Nǐ:
你： Qǐngwèn, zhè shì Chángchéng Lǚxíngshè ma?
请 问，这是 长城 旅行社 吗?

Travel agent: Shì, nǐ hǎo! Qǐng zuò。
是, 你好! 请坐。

Nǐ:
你： Wǒ xiǎng qù Shànghǎi lǚxíng[1]。
我 想 去 上海 旅行。

Travel agent: Hǎo a, nǐ xiǎng zěnme qù? Zuò fēijī háishi huǒchē?
好啊，你想 怎么去? 坐 飞机 还是 火车?

Nǐ:
你： Zuò fēijī zuò duōjiǔ[2]? Duōshao qián?
坐飞机坐多久? 多少 钱?

Travel agent: Zuò fēijī yào liǎng ge xiǎoshí。 Láihuí yìqiān bābǎi kuài。
坐飞机要 两 个 小时。 来回一千 八百 块。

Nǐ:
你： Nà[3] zuò huǒchē ne?
那 坐 火车 呢?

Travel agent: Zuò huǒchē yào yìtiān yíyè。
坐 火车 要一天一夜。
Nǐ xiǎng yào ruǎnwò háishi yìngwò?
你 想 要 软卧 还是 硬卧?

Nǐ:
你： Ruǎnwò shì shénme yìsi?
软卧 是 什么 意思?

Travel agent：　Ruǎnwò jiùshì ruǎnchuáng[4]，sì ge rén yí ge bāoxiāng。

软卧 就是 软 床， 四个人一个包厢。

Yìngwò jiùshì yí ge chēxiāng lǐ yǒu hěn duō chuáng,

硬卧 就是 一个 车厢 里有 很 多 床，

Chuáng yě bǐjiào yìng。

床 也比较 硬。

Nǐ：　Nà ruǎnwò duōshao qián? Yìngwò duōshao qián?

你：　那 软卧 多少 钱？ 硬卧 多少 钱？

Travel agent：　Ruǎnwò láihuí jiǔbǎi, yìngwò wǔbǎi。

软卧 来回九百,硬卧 五百。

Nǐ xiǎng shénme shíhou[5] qù? Shénme shíhou huílai?

你想 什么 时候去? 什么 时候回来？

Nǐ：　Wǔyuè èrshíliù hào qù, sānshí hào huílai。

你：　五月 二十六号去，三十 号 回来。

New Words　生词

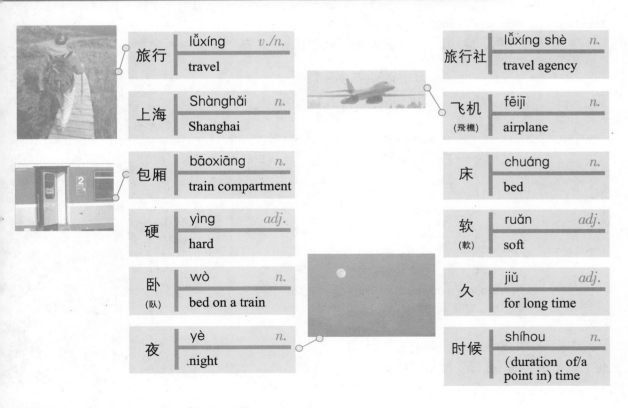

旅行	lǚxíng　v./n.　travel	旅行社	lǚxíng shè　n.　travel agency
上海	Shànghǎi　n.　Shanghai	飞机 (飛機)	fēijī　n.　airplane
包厢	bāoxiāng　n.　train compartment	床	chuáng　n.　bed
硬	yìng　adj.　hard	软 (軟)	ruǎn　adj.　soft
卧 (臥)	wò　n.　bed on a train	久	jiǔ　adj.　for long time
夜	yè　n.　night	时候	shíhou　n.　(duration of/a point in) time

回	huí	*v.*	来	lái	*v.*
	return			come	

很	hěn	*adv.*	比较	bǐjiào	*adv.*
	very		(较)	comparatively; somewhat	

那	nà/nèi	*adv.*	来回	láihuí	*adj.*
	then			round trip	

NOTES   注释

1. Lǚxíng is similar to an intransitive verb. To say to travel to a place, one must say："qù + place + lǚxíng". "旅行" 不能带宾语。

2. To indicate the duration of an action, the duration goes after the verb. And if a verb has an object, then the verb must be repeated before the duration is mentioned. Example：A：Nǐ shuō zhōngwén shuō le duōjiǔ? B：Wǒ shuō zhōngwén shuō le yí ge yuè。 动作的持续时间放在动作后。 如动作带宾语,动作要重复才能提时间。 举例：你说中文说了多久？ 我说中文说了一个月。

3. Another important meaning of "nà" is that. As such, "nà" is also pronounced as "nèi". 那的另一个发音。

4. "Wò" and "chuáng" have the essential meaning of bed. But "wò" is only used to refer to the use of a room as a bedroom and beds on the train. "卧" 和 "床" 是一个意思。 但是 "卧" 是特定用语。 只用于表示房间的用处,如:卧室。或者是指火车上的床。

5. "Shíhou" as "when" is used in a certain pattern. For example：wǒ qù Shànghǎi de shíhou. "时候"在特定的句式中相当于"when"带的从句。 例如:我去上海的时候。
When "shíhou" is used in a question, it must be proceeded by shénme. Example：Nǐ shénme shíhou qù Shànghǎi? 当"时候"用在问句中,"什么"必须放在"时候"前。例如:你什么时候去上海？

EXERCISES 练习

I. Please ask each other "Zhè ge zěnme shuō? Dì jǐ shēng? Shénme yìsi? "
这个怎么说？ 第几声？ 是什么意思？

bāoxiāng   chēxiāng   duōjiǔ   fēijī

chuáng   huí   huílai   lái   láihuí   shíhou   yíyè

bǐjiào   hěn   jiǔ   lǚxíng   lǚxíngshè   ruǎn   ruǎnchuáng   ruǎnwò
xiǎoshí

nà   Shànghǎi   wò   yè   yìng   yìngchuáng   yìngwò

II. Two students take turns to change "zhè" **into** "nà". 两人一组，轮流将"这"
变为"那"。

zhè ge fángjiān 这个房间   zhè ge lǚguǎn   这个旅馆

zhè ge lǎoshī   这个老师   zhè zhāng piào   这张 票

zhè wǎn tāng   这碗汤   zhè wǎn fàn   这碗饭

III. How do you say in Chinese that you are going to travel to the following
   five places？去下面这些地方旅行怎么说？

Yīngguó   Shànghǎi   wàiguó   Běijīng   Zhōngguó
英国   上海   外国   北京   中国

IV. Form questions and answers using the underlined part.   用下列词组做问
答。

1. Tā zuò fēijī   yí yè   她坐飞机   一夜

2. Wǒ shuō zhōngwén   liǎng nián   我说中文   两年

3. Tāmen huàn qián   yí ge xiǎoshí   他们换 钱   一个小时

4. Wǒmen qù lǚxíngshè   yì tiān   我们去旅行社 一天

V. Point out a place on a map of China, and ask "Nǐ xiǎng qù nǎr lǚxíng?
   Zěnme qù?" 在小组里，用中国地图问"你想去哪儿旅行？ 怎么去？"

VI. **Form questions and answers using the underlined part.** 用下列词组做问答。

1. <u>xià ge yuè</u>　　huíguó　　　　　<u>下个月</u>　　回国

2. <u>jīntiān wǎnshang</u>　qù Běijīng　　　<u>今天晚上</u>　去北京

3. <u>xiàwǔ liùdiǎn</u>　　huí lǚguǎn　　　<u>下午六点</u>　回旅馆

4. <u>shàngwǔ bādiǎn</u>　lái zhèr　　　　<u>上午八点</u>　来这儿

DIALOGUE II
对话(二)

Nǐ:　　　　Wǒ mǎi ruǎnwò <u>ba</u>。
你:　　　　我 买 软卧 <u>吧</u>。

Travel agent:　Nǐ yào <u>dìng lǚguǎn</u> ma?
　　　　　　你要 <u>订旅馆</u> 吗?

Nǐ:　　　　Yào, xièxie。
你:　　　　要, 谢谢。

Travel agent:　Nǐ yào dānrén jiān háishi shuāngrén jiān?
　　　　　　你要 单人 间 还是 双人 间?
　　　　　　Dānrén jiān yìtiān èrbǎi, shuāngrén[6] jiān yìtiān yìbǎi。
　　　　　　单人 间 一天 二百, 双人 间一天一百。

Nǐ:　　　　Shuāngrén jiān。
你:　　　　双人 间。

Travel agent:　Yào bu yào dǎoyóu?
　　　　　　要 不 要 导游?

Nǐ:　　　　Búyào, wǒ shì xué Zhōngwén de xuésheng,[7]
你:　　　　不要, 我 是 学 中文 的 学生,

wǒ yào hǎohāor[8] liànxí Zhōngwén。

我要 好好 练习 中文。

Qǐngwèn, wǒ shénme shíhou kěyǐ lái ná piào?

请问, 我 什么 时候 可以 来 拿票 ？

Travel agent： Xīngqīsì xiàwǔ。

星期四下午。

New Words 生词

学 (學)	xué *v.* study, learn		学生 (學)	xuésheng *n.* student
好好儿	hǎohāor *adv.* all out		订 (訂)	dìng *v.* reserve; order
单 (單)	dān *adj.* single; sole		导游 (導遊)	dǎoyóu *n.* tour guide
练习 (練習)	liànxí *v./n.* practice; exercise		拿	ná *v.* fetch; take

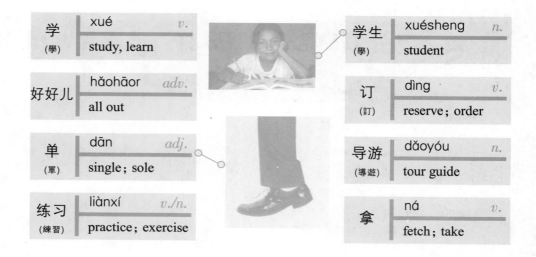

NOTES 注释

6. "Dān", "shuāng" are formal expressions. In colloquial use "yí ge", "liǎng ge" are common. Example：Wǒ yí ge rén qù Shànghǎi。 Wǒmen liǎng ge rén zhù yìjiān。 单双边是比较正式的用语。 一般情况用 "一个"，"两个"。 如：我一个人去上海。我们两个人住一间。

7. "xué...de" is used to indicate the speciality of a student. "学……的" 表示学某个专业。

8. "Hǎohāo" does not follow the rule of the first third tone changing to a second tone. Duplication of words creates a more emphatic or softer tone. Example：a host may say to the guests, "Mànmàn hē a。" "好好" 作为状语放在动词前。 词语 的重复以加强语 气 或使语气柔和。如："慢慢喝啊。"

VII. In a group of two, use "dìng" to ask and answer questions based on the pictures. 两人一组,看图用"订"问答。

FIELD TASKS 交际任务

Planning Your Travel in the Travel Agency
去旅行社预订你的旅行

In your diary, make a long-distance travel plan, including departure and returning date, the kind of ticket you want to buy and the kind of hotel accommodations you want. Contact a travel agency to book your trip. Please be prepared to tell the class which agency you have contacted, your travel plan, and when you will get your tickets.

Even if you do not plan to travel, go to find out information from a travel agency on how to travel to a distant place.

在你的日记里做一个长途旅行计划,包括出发、返回的日期,你想买的票和想要的旅馆。联系一家旅行社预订你的旅行,然后把这一过程告诉班上同学。即使你不想旅行,也请到旅行社查询一下长途旅行的有关信息。

10 Unit Ten

第十单元

在酒吧 **At the Bar**

Zài Jiŭbā

DIALOGUE I
对话(一)

Nǐ: Qǐngwèn, nín zhīdào " Hǎotīng[1] Jiŭbā" zài nǎr ma?

你：   请问，您 知道"好听酒吧"在哪儿吗？

Local person: Zhīdào。 Nǐ yŏu méi yŏu zhèr de dìtú?

知道。 你有 没 有这儿的 地图 ？

Nǐ: Yŏu。 (Giving the map to the local person.)

你：   有。

Local person: "Hǎotīng Jiŭbā" zài zhèr。

"好听 酒吧" 在这儿。

Nǐ: Xièxie。

你：   谢谢。

New Words　生词

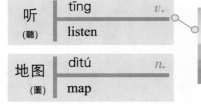

| 听 (聽) | tīng | v. |
| | listen | |

| 地图 (圖) | dìtú | n. |
| | map | |

| 酒吧 | jiŭbā | n. |
| | bar | |

NOTES 注释

1. When "Hǎo" is placed before verbs of the senses, such as eating, it often means pleasant or good. For example, to compliment on a bowl of soup, one can say: "Zhè wǎn tāng hǎohē."

EXERCISES 练习

I. Bring all your maps to class and tell your classmates what maps you have in Chinese. 请把你有的地图带到班里来。告诉班里你有什么地图?

DIALOGUE II
对话(二)

Nǐ:　　　 Nǐ hǎo! Zhè shì "Hǎotīng Jiǔbā" ma?
你:　　　 你好! 这 是 "好听 酒吧" 吗?

Fúwùyuán:　Shì,　qǐng lǐbian zuò。
服务员:　　是,　请 里边 坐。

Nǐ:　　　 Xièxie。
你:　　　 谢谢。

(Zuò xià le。 坐下了。)

Fúwùyuán:　Nǐmen xiǎng hē diǎnr² shénme?
服务员:　　你们 想 喝点儿 什么?

Nǐ:　　　 Wǒ bù hē jiǔ。 Nǐmen yǒu mei yǒu bié de yǐnliào?
你:　　　 我不喝酒。 你们 有 没 有 别的饮料?

Fúwùyuán:	Yǒu hóngchá[3]、lǜchá、 kělè、 kāfēi、 xuěbì、 guǒzhī、 kuàngquánshuǐ,	
服务员：	有 红茶 、绿茶、 可乐 、咖啡、雪碧 、 果汁 、 矿泉水 ,	

	yě yǒu shuǐguǒ。
	也有 水果 。

Nǐ:	Wǒ yào yì bēi lǜchá ba。
你：	我 要 一杯 绿茶 吧。

Fúwùyuán:	Nǐ ne?
服务员：	你呢？

Nǐde péngyou:	Wǒ yào yì píng píjiǔ。
你的朋友：	我 要 一瓶 啤酒 。

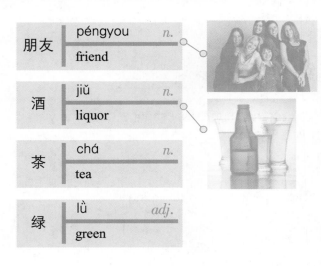

Fúwùyuán:	Hǎo, wǒ jiù lái。
服务员：	好，我 就来 。

New Words 生词

朋友	péngyou / friend	n.
酒	jiǔ / liquor	n.
茶	chá / tea	n.
绿	lǜ / green	adj.

饮料 (飲料)	yǐnliào / beverage	n.
啤酒	píjiǔ / beer	n.
红	hóng / red	adj.
可乐 (樂)	kělè / Coke	n.

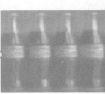

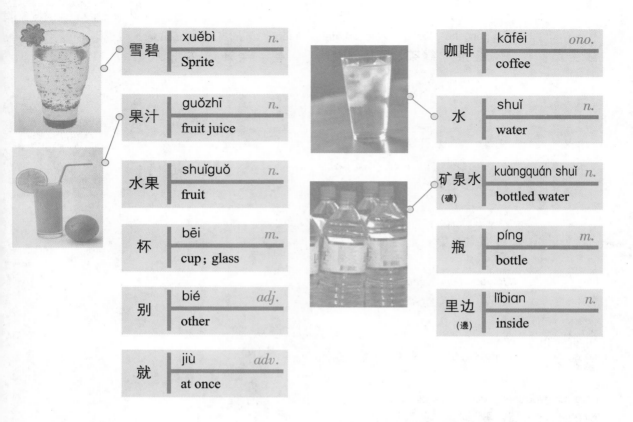

雪碧	xuěbì	n.
	Sprite	

果汁	guǒzhī	n.
	fruit juice	

水果	shuǐguǒ	n.
	fruit	

杯	bēi	m.
	cup；glass	

别	bié	adj.
	other	

就	jiù	adv.
	at once	

咖啡	kāfēi	ono.
	coffee	

水	shuǐ	n.
	water	

矿泉水 (礦)	kuàngquán shuǐ	n.
	bottled water	

瓶	píng	m.
	bottle	

里边 (邊)	lǐbian	n.
	inside	

NOTES 注释

2. "Hē diǎnr shénme?" is a polite way of asking about what others would like to drink. It has nothing to do with quantity. "喝点儿什么?" 是客气的说法。

EXERCISES 练习

II. **Please ask each other** "Zhè ge zěnme shuō？ Dì jǐ shēng？ Shénme yìsi？"
这个怎么说？第几声？是什么意思？

bēi kāfēi tīng tīng

bié chá hóng hóngchá péngyou píjiǔ píng

guǒzhī　hǎotīng　jiǔ　jiǔbā　kělè　lǐbian　shuǐ　shuǐguǒ　xuěbì
yǐnliào

dìtú　kuàngquánshuǐ　lǜ　lǜchá

III. Among yourselves ask and answer "Zhè shì shénme yǐnliào？" 这是什么饮料？

IV. Among yourselves ask and answer "Zhè shì jǐ bēi shénme yǐnliào？" 这是几
杯什么饮料？

V. Among yourselves ask and answer "Zhè shì jǐ píng shénme yǐnliào？" 这是几
瓶什么饮料？

VI. One student asks the question and another uses "jiù" to answer. 用 "就" 回答。

Nǐ shénme shíhou qù Chángchéng?　　你什么时候去长城？

Nǐ shénme shíhou shàngchē?　　你什么时候上车？

Nǐ shénme shíhou dǎchē?　　你什么时候打车？

Nǐ shénme shíhou xué Zhōngwén?　　你什么时候学中文？

DIALOGUE III
对话(三)

Nǐ:　　Nǐmen zhèr yǒu yīnyuè ma?
你:　　你们 这儿有音乐 吗？

Fúwùyuán:　　Yǒu a, yǒu kǎlāōukèi., yě yǒu yuèduì. Jīntiān shì juéshìyuè.
服务员:　　有啊，有卡拉 O.K.，也有乐队。 今天是 爵士乐 。
　　Míngtiān shì yáogǔnyuè.
　　明天 是 摇滚乐 。

Nǐ:　　Tài hǎo le, wǒ xǐhuan juéshìyuè. Jǐdiǎn kāishǐ?
你:　　太好了，我喜欢 爵士乐。几点开始？

Fúwùyuán:　　Jiǔ diǎn.
服务员:　　九点。

Nǐ:　　Jǐdiǎn wán a?
你:　　几点完啊？

Fúwùyuán:　　Shíyīdiǎn bàn.
服务员:　　十一点半。

New Words 生词

音乐 (樂)	yīnyuè *n.* music
乐队 (樂隊)	yuèduì *n.* music band
摇滚乐 (樂)	yáogǔnyuè *n.* rock & roll
完	wán *v.* end

卡拉 O.K.	kǎlā'ōukèi *ono.* Karaoke
爵士乐 (樂)	juéshìyuè *n.* jazz
开始 (開)	kāishǐ *v./n.* begin
明天	míngtiān *n.* tomorrow

EXERCISES 练习

VII. Please tell the class "Nǐ xǐhuan shénme yīnyuè?" 你喜欢什么音乐?

VIII. In a small group, recount your experience of listening to music in a bar in China using what you have learned so far. 你去过酒吧听音乐吗?

IX. Make a plan to go to a bar with some people in class, and tell the class about your plan. 几个人讨论一下去酒吧的计划。

FIELD TASKS 交际任务

1. Order beverages in restaurants or purchase beverages and tell the class about how you did it. 在饭店点饮料或买饮料,然后对全班讲一讲这件事。

2. Pay a visit to a bar and be prepared to tell the class the name of the bar, when you were there, how you got there, what beverages you ordered and the costs, as well as whether there was music in the bar, what music, when the music started and when it came to an end. Did you like the music? 去一个酒吧,然后告诉全班这个酒吧的名字和去那里玩儿的情况: 喝了什么饮料? 多少钱? 那里的音乐怎么样?

DIALOGUE I
对话(一)

Nǐ:
你: Wǒmen lái Zhōngguó yǐjīng *yí ge yuè le*。 Nǐ xiǎng jiā bù xiǎng?
我们 来 中国 已经 一个月了。你想 家不想?

Nǐde tóngxué:
你的同学: Dāngrán xiǎng le。 Wǒ *chángcháng gěi jiāli²* dǎ diànhuà。
当然 想了。我 常常 给家里 打 电话。

Nǐ:
你: *Nǐ jiā yǒu jǐ ge rén* a?
你家有几个人啊?

Nǐde tóngxué:
你的同学: Qī ge rén, māma、bàba、gēge、jiějie、mèimei、dìdi hé wǒ。
七个人,妈妈、爸爸、哥哥、姐姐、妹妹、弟弟和我。

Nǐ:
你: Nǐ gēge、jiějie *dōu zài jiā zhù* ma?
你哥哥、姐姐都在家住吗?

Nǐde tóngxué:
你的同学: Bú zài, wǒ gēge shì dàxuéshēng。 Tā *zài wàidì shàng xué*。
不在,我哥哥 是 大学生。 他在外地 上学。

Wǒ jiějie shì yīshēng。 Tā yǒu zìjǐ de jiā。 Nǐ jiā yǒu jǐ ge rén a?
我 姐姐是医生。 她有自己的家。你家有几个人啊?

Nǐ:
你: Wǔ ge, wǒ bàba、māma、dìdi、mèimei hé wǒ。
五 个,我爸爸、妈妈、弟弟、妹妹和我。

Nǐde tóngxué:
你的同学: Nǐ dìdi、mèimei shì bu shì xuésheng?
你弟弟、妹妹是不是 学生?

Nǐ:	Shì, tāmen shì zhōngxuéshēng[3]。 Nǐ cháng gěi jiāli xiě xìn ma?	
你:	是，他们 是 中　学生。　你 常 给家里写信 吗?	
Nǐde tóngxué:	Xiě。 Zuótiān wǒ gāng gěi wǒ bàba、māma jì le[4] yì fēng xìn。	
你的同学:	写。 昨天 我　刚 给 我爸爸、妈妈寄了一封信。	

New Words　生词

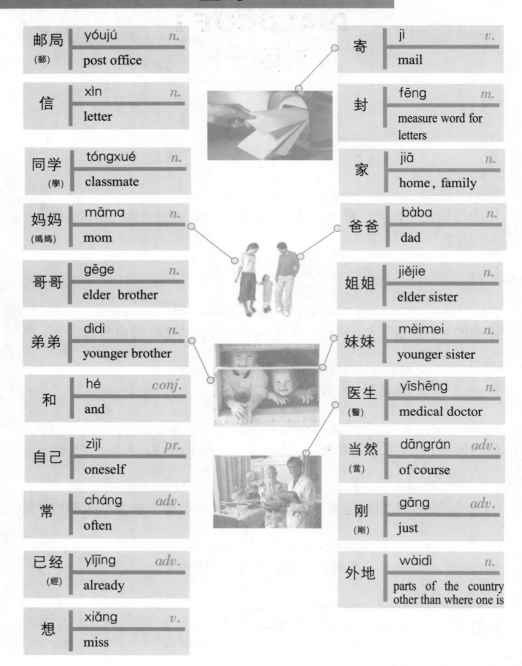

邮局 (郵)	yóujú	*n.*
	post office	
信	xìn	*n.*
	letter	
同学 (學)	tóngxué	*n.*
	classmate	
妈妈 (媽媽)	māma	*n.*
	mom	
哥哥	gēge	*n.*
	elder brother	
弟弟	dìdi	*n.*
	younger brother	
和	hé	*conj.*
	and	
自己	zìjǐ	*pr.*
	oneself	
常	cháng	*adv.*
	often	
已经 (經)	yǐjīng	*adv.*
	already	
想	xiǎng	*v.*
	miss	

寄	jì	*v.*
	mail	
封	fēng	*m.*
	measure word for letters	
家	jiā	*n.*
	home，family	
爸爸	bàba	*n.*
	dad	
姐姐	jiějie	*n.*
	elder sister	
妹妹	mèimei	*n.*
	younger sister	
医生 (醫)	yīshēng	*n.*
	medical doctor	
当然 (當)	dāngrán	*adv.*
	of course	
刚 (剛)	gāng	*adv.*
	just	
外地	wàidì	*n.*
	parts of the country other than where one is	

NOTES 注释

1. "Xiǎng" means "to miss someone or something." "想"是思念的意思。

2. "Jiāli" refers to family members. Sometimes they can also be said as "Jiārén". "家里" 指家里的人。有时也叫"家人"。

3. Chinese school system is divided into three levels: primary, middle, and college, called in Mandarin as "xiǎoxué" 小学, "zhōngxué" 中学, "dàxué" 大学. Hence, xiǎoxuéshēng 小学生, zhōngxuéshēng 中学生, dàxuéshēng 大学生.

4. If there is a measure word to modify the object of a verb, "le" must be placed before the measure word. "了"的位置。如动词的宾语有量词修饰的话，"了"一定要放在量词前。

EXERCISES 练习

I. In a group of two, use " Tāmen jiā" to ask and answer questions based on the pictures. 两人一组，就下面的图片围绕"他们家"互相问答。

II. In a group of two, ask "Nǐ jiā yǒu jǐ ge rén? Yǒu shéi? Shéi zài jiā zhù? Shéi bú zài jiā zhù? Nǐ jiā yǒu xuésheng méi yǒu? Shàng shénme xué?" Then report to class. 两人一组，互问答"你家有几个人？有谁？谁在家住？谁不在家住？你家有学生没有？上什么学？"然后在班上汇报。

III. In a group of two, ask each other the telephone number for each of the family members and report. 两人一组，互相问答家庭各个成员的电话号码，然后汇报。

IV. Ask "Lái zhōngguó hòu, nǐ gěi nǐ jiā shéi dǎ le diànhuà? " and answer truthfully. If you have not called some of your family members, please say, "Wǒ méi gěi x x dǎ diànhuà." 问 "来中国后，你给你家谁打了电话"？按实

际情况答。如没打，请说"我没给某某打电话"。

V. Ask "Lái Zhōngguó hòu, nǐ gěi nǐ jiā shéi xiě le xìn? Xiě le jǐ fēng xìn? Shénme shíhou xiě de? Shénme shíhou jì de? Zài nǎr jì de?" **If you did not write to some of the people, you can say** "Wǒ méi gěi... xiě xìn." 问"来中国后,你给你家谁写了信? 写了几封信? 什么时候写的? 什么时候寄的? 在哪儿寄的"? 按实际情况答。如没写,请说"我没给某某写信"。

VI. Use "gāng, yǐjīng" **to ask and answer questions.** 用"刚"和"已经"就下列句子问答。

    Example(举例)：Wǒ mǎi fàn。
               我买饭。

| Nǐ mǎi fàn le ma? | Wǒ gāng mǎi le fàn。 | Wǒ yǐjīng mǎi le fàn。 |
| 你买饭了妈? | 我刚买了饭。 | 我已经买了饭。 |

1. Wǒ māma qù Chángchéng。   我妈妈去长城。

2. Wǒ bàba hē kělè。   我爸爸喝可乐。

3. Wǒ gēge xué shàngwǎng (go online)。   我哥哥学上网。

4. Wǒ mèimei zuò fēijī。   我妹妹坐飞机。

DIALOGUE II
对话(二)

Zài yóujú li
(在邮局里)

Nǐ: Shīfu, jì yì zhāng dào Běijīng de míngxìnpiàn duōshao qián?
你: 师傅,寄一张到 北京 的明 信片 多少 钱?

Shī fu: Sì kuài qián。
师傅: 四块钱。

Nǐ : Jǐ tiān dào a?
你 ： 几天到啊？

Shī fu： Sān tiān ba[5].
师傅： 三天吧。

Nǐ ： Nà jì yì fēng dào Shànghǎi de xìn yào duōshao qián de yóupiào?
你 ： 那寄一封到 上海 的信要 多少 钱的 邮票？

Shī fu： Hángkōng háishi píng xìn?
师傅： 航 空还是 平信？

Nǐ ： Hángkōng .
你 ： 航空 。

Shī fu： Nǐ yào mǎi liù kuài sì máo de yóupiào.
师傅： 你要 买六块 四毛的 邮票 。

Nǐ ： Qǐngwèn, xìn fàng zài nǎr?
你 ： 请 问， 信 放在哪儿？

Shī fu： Fàng zài xiě zhe "wàidì" de yóuxiāng lǐ.
师傅： 放 在 写着 "外地"的 邮箱 里。

New Words 生词

邮票 (郵)	yóupiào	*n.*
	stamp	

航空	hángkōng	*n.*
	aviation	

放	fàng	*v.*
	put	

邮箱 (郵)	yóuxiāng	*n.*
	postal box	

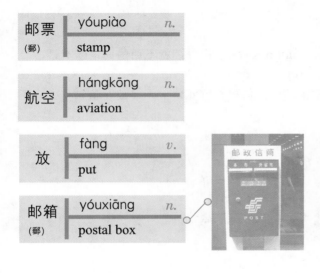

明信片	míngxìnpiàn	*n.*
	post card	

平	píng	*adj.*
	regular	

写 (寫)	xiě	*v.*
	write	

着 (著)	zhe	*p.*
	indicating continuing progress/state	

NOTES 注释

5. "Ba" implies "possibly"."吧"表示可能性。

EXERCISES 练习

VII. Please ask each other "Zhè ge zěnme shuō？ Dì jǐ shēng？ Shénme yìsi？ "：
这个怎么说？第几声？是什么意思？

dāngrán   fēng   gāng   gēge   māma   yīshēng

hé   chángcháng   hángkōng   míngxìnpiàn   píngxìn   tóngxué
yóujú   yóupiào   yóuxiāng

jiějie   yǐjīng

bàba   dìdi   jì   mèimei   wàidì   xìnfēng   zìjǐ

VIII.   Ask and answer how many letters there are in the following pictures：下
面图中有几封信？

IX. Use "fàng" to form questions and answers：用"放"就下面的词语造对话
   Example(举例)：   xìn   xìnxiāng   Xìn fàng zài nǎr？   Fàng zài xìn lǐ。
                        信   信箱   信放在哪儿？   放在信箱里。

1. miàn   wǎn   面   碗

2. xiā   fàn   虾   饭

3. qián   lǚguǎn   钱   旅馆

4. piào   sùshè   票   宿舍

5. biǎo   chē   表   车

6. hùzhào   fángjiān   护照   房 间

X. Look around in the classroom and think about items that you can use "xiě zhe shénme" **to ask questions.** 用 "写着什么" 问问题。

FIELD TASKS 交际任务

1. Buy a postcard from the post office， mail it or a letter at the post office. Report how you bought and mailed the card or letter， the address and person to whom you sent the mail. 到邮局买 一张明信片。并寄明信片或信。

2. Ask a local Chinese "Nǐ jiā yóu jǐ ge rén? Yǒu shéi? Shéi zài jiā zhù? Shéi bú zài jiā zhù? Nǐ jiā yǒu xuésheng méiyǒu? Shàng shénme xué?" Report in class. 问一个中国学生 "他家有几个人？有谁？谁在家住？谁不在家住？他家有学生没有？上什么学？" 然后汇报。

12 Unit Twelve

第十二单元

去外地旅行 **Travelling to Other Places**
Qù Wàidì Lǚxíng

DIALOGUE I
对话（一）

Zài Lǚxíngshè ná piào
（在旅行社拿票）

你：
Nín hǎo! Wǒ jiào Xiè Guóān。 Wǒ xiǎng ná wǒ dìng de piào。
您 好! 我 叫 谢 国安。 我 想 拿 我 订 的 票。

Travel Agent：
Méi wèntí, qǐng děng yíxià, zhè shì nǐ qù Shànghǎi de ruǎnwò piào。
没问题， 请 等 一下, 这 是 你去 上海 的 软卧 票。

Wǔyuè èrshíliù hào xiàwǔ sìdiǎn shàng sānqībā cì chē。
五月 二十六号 下午 四点 上 三七八 次车。

Dì èr tiān shàngwǔ shíyī diǎn dào。 Huílai zuò sānqījiǔ cì chē。
第二天 上午 十一点 到。 回来坐 三七九 次车。

你：
Wǔyuè èrshíliù hào yě shì wǒ de shēngri。
五 月 二十六号 也是 我的生日。

Travel Agent：
Zhù nǐ shēngrì kuàilè。
祝你生日快乐。

你：
Xièxie。 Qǐngwèn, wǒ de lǚguǎn jiào shénme?
谢谢。 请 问, 我 的 旅馆 叫 什么?

Travel Agent：
Jiào "Yǒuhǎo Rénjiā[1]", shì ge hěn dà de lǚguǎn。
叫 "友好人家"， 是 个 很 大的 旅馆。

你：
Nín yǒu lǚguǎn de dìzhǐ[2] ma?
您 有 旅馆 的地址吗?

Travel Agent： Zhè jiù³ shì 。 *Zhù nǐ lǚxíng yúkuài.*
这就是。 祝你旅行愉快。

New Words　生词

地址	dìzhǐ	*n.*
	address	

祝	zhù	*v.*
	wish	

愉快	yúkuài	*adj.*
	pleasant	

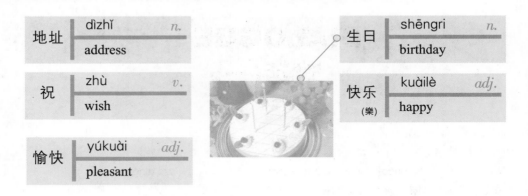

生日	shēngrì	*n.*
	birthday	

快乐 (樂)	kuàilè	*adj.*
	happy	

NOTES　注释

1. "Yǒuhǎo Rénjiā" can be translated into " Friendly House".

2. Like date，address in Chinese is from the biggest unit to the smallest． Example：
Běijīng Shísān Lù Yǒuhǎo Rénjiā Lǚguǎn èrbājiǔ hào.中文的地址和日期都是从大到小。如北京十三路友好人家旅馆二八九号。

3. "Jiù" indicates certainty.

EXERCISES　练习

I. In a group of two，ask and asnwer "Nǐ de shēngrì shì jǐyuè jǐhào?" **and say birthday wishes to each other．** 两人一组，互问你的生日是几月几号？并互相祝好。

II. In the same group，ask the birthday of each family member，and report to class. 在同一组里，问相互家庭成员的生日。然后给全班汇报。

DIALOGUE II
对话(二)

Zài Shànghǎi, Zuò chūzū
(在 上海， 坐 出租)

Shīfu: Qù nǎr a?
师傅： 去哪儿啊？

Nǐ: Qù "Yǒuhǎo Rénjiā。" Zhè shì dìzhǐ.
你： 去 " 友好人家 "。 这 是 地址。

Shīfu: Nǐ cóng nǎr lái de ya?
师傅： 你从哪儿来的呀？

Nǐ: Cóng Běijīng lái de。
你： 从 北京 来的。

Shīfu: "Yǒuhǎo Rénjiā" dào le。 Èrshí kuài qián。 Ná hǎo fāpiào a。
师傅： " 友好人家" 到了。 二十 块 钱。 拿好 发票啊。

Nǐ: Xièxie。
你： 谢谢。

New Words 生词

辆 (輛)	liàng	*m.*
	measure word for motor vehicles	

呀	ya	*p.*
	expressing surprise/sudden realization or softening the tone	

III. Please ask and answer "Zhè shì jǐ liàng shénme chē？" 这是几辆什么车？

IV. Please ask and answer "Nǐ jìn nǎr？" 你进哪儿？

DIALOGUE III
对话(三)

Jìn le "Yǒuhǎo Rénjiā". <u>Zài qiántái gēn</u> fúwùyuán <u>shuōhuà</u>[4]
(进了"友好人家"，<u>在前台跟</u>服务员<u>说话</u>)

| Nǐ: | Nín hǎo!　Wǒ jiào Xiè Guó'ān. |
| 你： | 您 好!　我 叫 谢 国安。 |

Wǒ <u>dìng le yí ge</u> shuāngrén jiān de <u>chuángwèi</u>[5].
我 <u>订了一个</u> 双人 间的 <u>床位</u>。

Fúwùyuán: Hǎo, qǐng děng yíxià.　Nǐ yǒu hùzhào ma?
服务员：好，请 等 一下。你有 护照 吗?

Nǐ: Yǒu, <u>zài zhèr</u>.
你： 有，<u>在这儿</u>。

Fúwùyuán: Nǐ de fángjiān shì wǔbāsān hào. Zhè shì fángjiān yàoshi.
服务员： 你的房间 是五八 三号。 这 是 房间 钥匙。

Nǐ: Qǐngwèn, fángjiānli yǒu yùshì méiyǒu?
你： 请问， 房间里 有 浴室 没有?

Fúwùyuán: Dāngrán yǒu la。 Yǒu yùshì、cèsuǒ、lěng、rè shuǐ,háiyǒu
服务员： 当 然 有 啦。有浴室、厕所、冷、热水， 还有

fángjiān fúwù。
房 间 服务。

Nǐ: Shénme fúwù a?
你： 什么 服务啊?

Fúwùyuán: Ànmó、dìngfàn 、dìngchē， hái kěyǐ shàngwǎng⁶。
服务员： 按摩、订饭、 订车， 还可以 上网。

Nǐ: Zhēn shì tài hǎo le!
你： 真 是 太好了!

New Words 生词

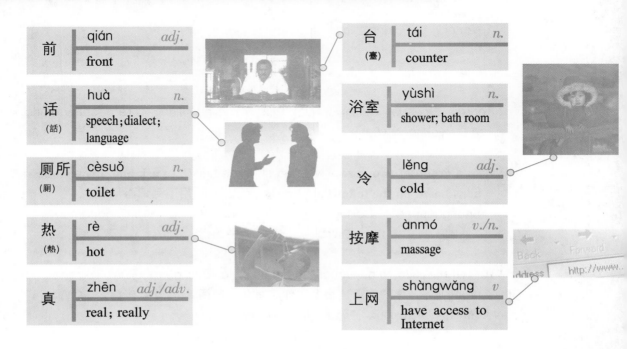

前	qián	adj.
	front	
话 (話)	huà	n.
	speech; dialect; language	
厕所 (厕)	cèsuǒ	n.
	toilet	
热 (熱)	rè	adj.
	hot	
真	zhēn	adj./adv.
	real; really	
台 (臺)	tái	n.
	counter	
浴室	yùshì	n.
	shower; bath room	
冷	lěng	adj.
	cold	
按摩	ànmó	v./n.
	massage	
上网	shàngwǎng	v
	have access to Internet	

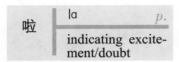

| 啦 | la | *p.* |
| | indicating excitement/doubt | |

NOTES 注释

4. "Shuōhuà" as "speak" is used as an intransitive verb. "说话"作为不及物动词使用。

5. "Chuángwèi" means a bed reserved for a person. "床位"的意思是专门给某个人的床。

6. The word "wǎng" is used in various combinations associated with Internet use. For instance, "wǎngzhǐ" 网址 means online address; "wǎngzhàn" 网站 means website.

EXERCISES 练习

V. Please ask each other "Zhè ge zěnme shuō? Dìjǐ shēng? Shénme yìsi?" 这个怎么说？第几声？是什么意思？

shēngrì   shuōhuà   zhēn

qiántái   yí   liàng   chē

lěng

ànmó   cèsuǒ   dìzhǐ   huà   jìn   kuàilè   liàng   rè   shàngwǎng
zhù   yúkuài   yùshì

VI. In a group of two, use " Nǐ shuō shénme huà?" **to ask and answer questions based on the following phrases.** 两人一组，用下列词组问答。

Shànghǎi huà   Běijīng huà   Zhōngguó huà   Yīngguó huà
上海话   北京话   中国话   英国话

VII. Tell the class:Nǐ de lǚguǎn, sùshè hé nǐ jiā yǒu jǐ ge fángjiān? Yǒu shénme fángjiān? 你的旅馆、宿舍和你家有几个房间？有什么房间？ ("Wòshì" **means "bedroom."** "卧室"的意思是睡房。)

VIII. Use "lěng" "rè" "lěngtiān" "rètiān" **dialogue. 用** "冷，热"，"冷天" "热天" **对话。**

IX. Tell the class：Nǐ yǒu diànnǎo ma? Nǐ de fángjiān yǒu diànnǎo méiyǒu?　Diànnǎo yǒu shàngwǎng fúwù ma?　Nǐ yǒu wǎngyè ma?　Nǐ de wángzhǐ shì shénme? 你有电脑吗？你的房间有没有电脑？电脑有上网的服务吗？你有网页吗？你的网址是什么？

FIELD TASKS 　交际任务

Get your tickets from the travel agency and explain the tickets to the class.　Tell the class whether you have booked a hotel for your travel, the hotel's name and how you plan on getting to the hotel.　If you have already travelled to other provinces, you can bring your tickets to do similar explanation.　If you do not plan to travel to other provinces, please imagine a travel plan and tell the class about it.

去旅行社拿票。拿回来后在课堂上解释自己的票，并告诉全班你订好旅馆了没有，什么旅馆，你下飞机或火车后怎么去旅馆。

13
Unit Thirteen

第十三单元
跟中国学生说中文
Talking with a Chinese Student
Gēn Zhōngguó Xuésheng Shuō Zhōngwén

DIALOGUE I
对话(一)

Nǐ:	Nǐ hǎo! Nǐ shì zhè ge xuéxiào de xuésheng ma?
你:	你好！你是 这个 学校 的 学生 吗？
Zhōngguó Xuésheng:	Shì, nǐ ne?
中国学生：	是，你呢？
Nǐ:	Wǒ yě shì, wǒ shì liúxuéshēng.
你:	我也是， 我是 留学生。
Zhōngguó Xuésheng:	Nǐ guì xìng¹?
中国学生：	你贵姓？
Nǐ:	Wǒ xìng "Xiè".
你:	我 姓 "谢"。
Zhōngguó xuésheng:	Wǒ yě xìng "Xiè". Nǐ jiào shénme míngzi?
中国学生：	我 也 姓 "谢"。你 叫 什么 名字？
Nǐ:	Wǒ jiào "Xiè Guó'ān". Nǐ ne?
你:	我 叫 "谢国安"。 你呢？
Zhōngguó xuésheng:	Wǒ jiào "Xiè Měi'ān".
中国学生：	我 叫 谢美安。
Nǐ:	Tài hǎo le, wǒmen shì yì jiā de.
你:	太 好了，我们 是 一家 的。

Xiè Měi'ān:	Duì, duì, duì. Nǐ shuō de[2] tài duì le.
谢美安：	对，对，对。你说得 太对了。
	Nǐ cóng nǎ ge guójiā lái[3] de?
	你 从 哪个国家 来的？
Nǐ：	Cóng Měiguó[4] lái de.
你：	从 美国 来的。
Xiè Měi'ān:	Nǐ xué shénme zhuānyè?
谢美安：	你学 什么 专业？
Nǐ：	Yàzhōu yánjiū. Nǐ ne?
你：	亚洲 研究。你呢？
Xiè Měi'ān:	Wǒ xué diànnǎo zhuānyè.
谢美安：	我 学 电脑 专业。

New Words 生词

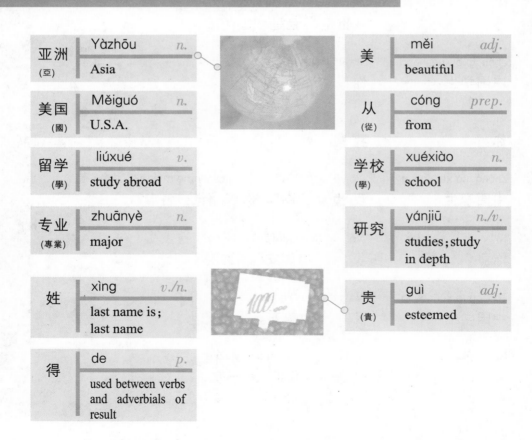

亚洲 (亞)	Yàzhōu	*n.*
	Asia	
美国 (國)	Měiguó	*n.*
	U.S.A.	
留学 (學)	liúxué	*v.*
	study abroad	
专业 (專業)	zhuānyè	*n.*
	major	
姓	xìng	*v./n.*
	last name is ; last name	
得	de	*p.*
	used between verbs and adverbials of result	

美	měi	*adj.*
	beautiful	
从 (從)	cóng	*prep.*
	from	
学校 (學)	xuéxiào	*n.*
	school	
研究	yánjiū	*n./v.*
	studies ; study in depth	
贵 (貴)	guì	*adj.*
	esteemed	

NOTES 注释

1. "Guì xìng?" is a respectful way of asking the listener's last name. It does not have to be translated as "What is your honorable family name?" One never uses "guì" in a sentence about one's last name. "贵姓"只用来尊敬,客气地问对方姓氏,不用于回答。

2. "De" must be used after a verb if an adverb is going to be added. For example, "Tā shuō de màn (她说得慢)", "Lǎoshī shuō de duì (老师说得对)。"

3. To say "so and so" is from a particular place, one should use the pattern "cóng ... lái"。"从"作为介词,一般用在地点前表示动作的起点。如:她从美国来。

4. Měiguó is an abbreviation for the United States of America. 美国是美利坚合众国的简称。

EXERCISES 练习

I. In a group of two ask each other's last name, and then report to class. 两人一组,互问"贵姓?"。然后向班里汇报。

II. Is it expensive? 贵不贵?

III. Make up a group of seven students. Each group must come up with either a sentence or a sketch of a situation or mime to solicit a response of "tài ... le". There are seven adjectives you have learned: wǎn hǎo guì màn cháng、duì、měi. **Each sentence should target a different adjective.**

For example：**A**："Wǒmen jīntiān wǎnshang shíèr diǎn qù Chángchéng ba"。 **B**："Tài wǎn le"。七个人一组。每组造七个不同的句子或简单地画情景或做模仿； 目的是要他人听到句子或看到情景时用"太 晚 (好, 贵, 慢, 长, 对, 美, 软, 硬)了"来表示反映。 举例："我们今天晚上十二点去长城 吧"。 听到这个句子的人很可能说 "太晚了"。

IV. Point to a picture below and ask "Nǐ cóng nǎr lái?" 指图问"你从哪儿来？"

V. Use the following verbs，**"de"**，**and a verb complement to make up sentences.** 用下面的动词、"得"和结果补语造句。

Example(举例)： shuō 说　　màn 慢
　　　　　　Wǒ shuō de màn。　　我说得慢。

1. yào 要　　búguì 不贵　　　　2. tián 填　　duì 对

3. chī 吃　　bùduō 不多　　　　4. gěi 给　　shǎo 少

VI. Use the following verbs，<u>nouns</u>，de，**and complement to make up sentences.** 用下面的动词、名词、"得"和结果补语造句。

Example (举例)： shuō 说　　Zhōngwén 中文　　màn 慢
　　　　　　Wǒ shuō Zhōngwén shuō de màn。我说中文说得慢。

1. zhù 住　　lǚguǎn 旅馆　　guì 贵

2. shuō 说　　Yīngwén 英文　　bú màn 不慢

3. hē 喝　　tāng 汤　　bù duō 不多

4. xué 学　　　Zhōngwén 中文　　　hǎo 好

VII. Change affirmative statements about places to negative ones. 变句子中的肯定地点为否定地点。

1. Wǒ <u>zài</u> Měiguó xué diàn nǎo。　　　我<u>在</u>美国学电脑。

2. Tā <u>zài</u> fànguǎn hē tāng。　　　她<u>在</u>饭馆喝汤。

3. Wǒmen <u>zài</u> lǚguǎn mǎi piào。　　　我们<u>在</u>旅馆买票。

4. Lǎoshī <u>zài</u> xuéxiào shuō Yīngwén。　　　老师<u>在</u>学校说英文。

VIII. Change affirmative statements about actions to negative ones，and make a new affirmative statement with what is given in the parentheses. 变句子中的肯定动作为否定动作，并用括弧里的词造一个肯定动作。

1. Wǒ <u>zài</u> Měiguó <u>xué</u> diànnǎo。　　(yàzhōu yánjiū)　我<u>在</u>美国<u>学</u>电脑。
   　　　　　　　　　　　　　　　　　　　　　　　　　　　　　(亚洲研究)

2. Tā zài huǒchēzhàn <u>hē</u> tāng。　　(diǎn cài)　　她在火车站<u>喝</u>汤。
   　　　　　　　　　　　　　　　　　　　　　　　　　　　　　(点菜)

3. Wǒmen zài lǚguǎn <u>mǎi</u> piào。　　(fù fángfèi)　我们在旅馆<u>买</u>票。
   　　　　　　　　　　　　　　　　　　　　　　　　　　　　　(付房费)

4. Lǎoshī zài xuéxiào <u>shuō</u> Yīngwén。　(zhōngwén)　老师在学校<u>说</u>英文。
   　　　　　　　　　　　　　　　　　　　　　　　　　　　　　(中文)

IX. Make up questions and answers using the underlined part of the sentences below. 就画线部分提问。

First Group

Wǒ zài Měiguó xué <u>diànnǎo</u>。　　　我在美国学<u>电脑</u>。

Tā zài fànguǎn hē <u>tāng</u>。　　　她在饭馆喝<u>汤</u>。

Wǒmen zài lǚguǎn mǎi <u>piào</u>。　　　我们在旅馆买<u>票</u>。

Lǎoshī zài xuéxiào shuō <u>Yīngwén</u>。　　　老师在学校说<u>英文</u>。

Second Group

Wǒ zài Měiguó xué diànnǎo。 我在美国学电脑。

Tā zài fànguǎn hē tāng。 她在饭馆喝汤。

Wǒmen zài lǚguǎn mǎi piào。 我们在旅馆买票。

Lǎoshī zài xuéxiào shuō Yīngwén。 老师在学校说英文。

Third Group

Wǒ zài Měiguó xué diànnǎo。 我在美国学电脑。

Tā zài fànguǎnr hē tāng。 她在饭馆喝汤。

Wǒmen zài lǚguǎn mǎi piào。 我们在旅馆买票。

Lǎoshī zài xuéxiào shuō Yīngwén。 老师在学校说英文。

DIALOGUE II
对话(二)

Xiè Guó'ān： Nǐmen bān yǒu duōshao xuésheng?
谢国安： 你们 班 有 多少 学生?

Xiè Měi'ān： Èrshí ge。
谢美安： 二十个。

Xiè Guó'ān： Yǒu duōshao nánshēng? Duōshao nǚshēng?
谢国安： 有 多少 男生? 多少 女生?

Xiè Měi'ān： Shíyī ge nánshēng, jiǔ ge nǚshēng。
谢美安： 十一个 男生，九个 女生。

Xiè Guó'ān： Nǐ xǐhuan nǐ de tóngxué ma?
谢国安： 你喜欢你的 同学 吗?

Xiè Měi'ān： Xǐhuan。
谢美安： 喜欢。

New Words 生词

班	bān *n.* class

女	nǚ *adj.* female

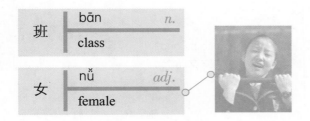

男	nán *adj.* male

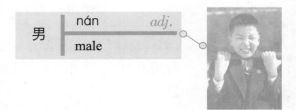

EXERCISES 练习

X. Can you answer these questions?

Nǐmen bān yǒu duōshǎo xuésheng?　你们班有多少学生?

Duōshao nánshēng?　　　　　多少男生?

Duōshao nǚshēng?　　　　　多少女生?

Nǐ de tóngxué xìng shénme?　你的同学姓什么?

DIALOGUE III
对话(三)

Xiè Měi'ān：　Nǐ zài Běijīng qù guo shénme dìfang?
谢美安：　你在 北京 去 过 什么 地方?

Xiè Guó'ān：　Wǒ qù guò Tiān'ānmén hé Chángchéng.
谢国安：　我 去 过 天安门 和 长城。

Xiè Měi'ān：　Nǐ zài nǎr chīfàn?
谢美安：　你在 哪儿 吃饭?

Xiè Guó'ān：	Zǎofàn、wǔfàn, wǒ zài xuéxiào (de) cāntīng chī.
谢国安：	早饭、午饭，我在 学校 (的)餐厅 吃。
	Wǎnfàn, wǒ zài wàibian (de) fànguǎn chī.
	晚饭， 我在 外边(的) 饭馆 吃。

Xiè Měi'ān：	Nà wǒmen míngtiān yìqǐ chī wǔfàn, hǎo bu hǎo?
谢美安：	那 我们 明天 一起吃午饭，好不好?

Xiè Guó'ān：	Tài hǎo le, jǐ diǎn?
谢国安：	太 好了，几点?

Xiè Měi'ān：	Zhōngwǔ shí èr diǎn zěnmeyàng?
谢美安：	中午 十二点 怎么样?

Xiè Guó'ān：	Méi wèntí, míngtiān jiàn.
谢国安：	没 问题， 明天 见。

Xiè Měi'ān：	Zàijiàn.
谢美安：	再见。

New Words 生词

餐厅 (廳)	cāntīng	n.
	dining hall	

外边 (邊)	wàibian	n.
	outside	

过 (過)	guo	p.
	expressing past experience	

一起	yìqǐ	adv.
	together	

见 (見)	jiàn	v.
	meet	

地方	dìfang	n.
	place	

早	zǎo	adj./adv.
	early	

明天	míngtiān	n.
	tomorrow	

怎么样 (樣)	zěnmeyàng	qp.
	how	

再见 (見)	zàijiàn	
	good-bye	

EXERCISES 练习

XI. Please ask and answer "Zhège zěnme shuō? Dì jǐ shēng? Shénme yìsi?"
这个怎么说？ 第几声？ 是什么意思？

bān   cāntīng   chī   zhuānyè   zhōu

cóng   liúxué   liúxuéshēng   míngtiān   nán   xuéxiào   yánjiū

měi   nǚ   zǎo

dìfang   guì   wàibian   yà   yìqǐ   zàijiàn   xìng

XII. Please ask and answer "Zhè shì shénme dìfang?" 这是什么地方？

XIII. Use "guo" to dialogue. 用"过"对话。

    Example(举例)： qù Chángchéng
                    去长城

Nǐ qù guo Chángchéng ma?　　Qù guo。　(Méi qùguo。)
你去过长城吗？　　　　　　去过。　(没去过。)

1. qù Shànghǎi　　　去上海

2. chī Zhōngguó fàn　　吃中国饭

3. dǎ guójì diànhuà　　打国际电话

4. zuò fēijī　　　　坐飞机

XIV. Make up groups of two. Ask each other "Nǐ zài Zhōngguó qù guo shénme dìfang?" **and report to class.** 两人一组，互问"你在中国去过什么地方"？
然后向全班汇报。

XV. Pointing at a picture below, ask "Nǐ chī shénme?": 指画问 "你吃什么?"

XVI. Use "zěnmeyàng" **to form and answer questions.** 用 "怎么样" 造问答句。

1. Qù Chángchéng   去长城

2. Hē yìdiǎr hóngchá   喝一点儿红茶

3. Zuò fēijī qù Shànghǎi   坐飞机去上海

4. Yào sān ge xiā   要三个虾

5. Duō huàn diǎnr qián   多换点儿钱

6. Zhǐ shuō Zhōngwén   只说中文

XVII. Make an appointment with a classmate and act out in front of the class.
和班里一个同学练习约会并在全班表演。

FIELD TASKS   交际任务

1. Find out how many cafeterias or restaurants are on this campus and their names.
请你数数学校一共有几个餐厅, 并问出每个餐厅的名字, 到班里来汇报。

2. Please keep a record of the names of the restaurants you went to, when you ate there and what you ate. 请记录你去过的饭店, 包括去的时间和吃的菜。

3. Have a dialogue in Chinese with a Chinese student about each other's name, major, nationality, where you are from, and your school's name. Also, tell the student where you have been traveling in China, and invite the local student to have a meal with you. 跟一个中国学生对话并作记录。对话应包括相互的名字、专业、国籍、老家、学校的名字及你在中国去过的地方。也一定要约这个中国学生跟你吃一次饭。

14

Unit Fourteen

第十四单元

给中国朋友打电话
Calling a Chinese Friend
Gěi Zhōngguó Péngyǒu Dǎ Diànhuà

DIALOGUE I
对话（一）

Nǐ: Wèi, nǐ hǎo!   Shì sānlíngbā hào fángjiān ma?
你：   喂，你好！   是 三〇八 号 房间 吗？

Xiǎo Jīn[1]:   Shì, nǐ zhǎo shéi?
小金：   是，你 找 谁？

Nǐ: Wǒ zhǎo Xiǎo Xiè.
你：   我 找 小谢。

Xiǎo Jīn: Duìbuqǐ, Xiǎo Xiè xiànzài yǒu shì[2]. Nǐ yíhuìr zài gěi tā
小金：   对不起，小谢 现在 有事。 你一会儿再给她
dǎ diànhuà hǎoma?
打电话，好吗？

Nǐ: Hǎo, Xiǎo Xiè yǒu méi yǒu shǒujī?
你：   好， 小谢 有 没有 手机？

Xiǎo Jīn: Yǒu, děng yíxià,[3] Xiǎo Xiè de shǒujī shì
小金：   有， 等一下， 小谢 的 手机是
yīlíngliù liùsānwǔ qīqībāsān.
一〇六六三五七七八三。

Nǐ: Hǎo, wǒ xiě xiàlái[4] le. Xièxie.
你：   好， 我 写下来 了。谢谢。

New Words 生词

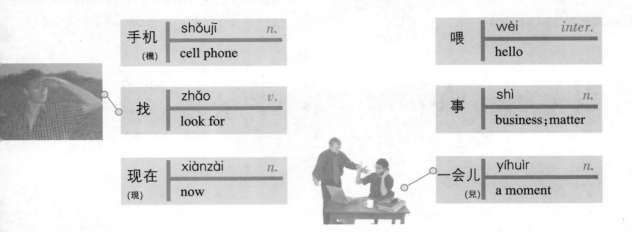

手机 (機) | shǒujī *n.* | cell phone

找 | zhǎo *v.* | look for

现在 (現) | xiànzài *n.* | now

喂 | wèi *inter.* | hello

事 | shì *n.* | business; matter

一会儿 (兒) | yíhuìr *n.* | a moment

NOTES 注释

1. "Xiǎo" plus one's last name is a common way of addressing each other among young people. Or the older generation addresses the younger one. The same holds for lǎo. "小"加上姓常常用来称呼比自己小而且熟悉的人。同样,比自己年长而且熟悉的人或者熟人之间常常用"老"。

2. "Yǒu shì" means being occupied. "Méi shì" means the opposite as well as "It doesn't matter". "有事"的意思是"现在忙"。 "没事"则是"不忙"。也是"没关系"的意思。

3. "Yíxià" can only be used after a verb. " Yíhuìr " can be used by itself. They sometimes mean the same after verbs. "一下"只能用在动词后。"一会儿"可以单用。"一下"和"一会儿"在动词后,有时通用。

4. "Xiàlái" is a complement of result of an action." "下来"是动作结果补语。

I. Use "zhǎo" to ask and answer questions. 看画用"找"做问答。

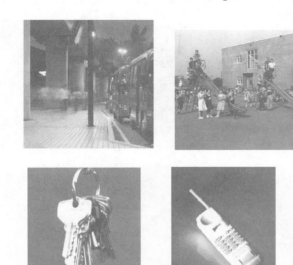

II. Use "xiě" to ask and answer questions. 看画用"写"问答。

III. Please ask and answer "Nǐ děng shénme?" 用"你等什么?"问答。

IV. Use the pattern "gěi...dǎ diànhuà" to make up sentences with the following words. 用下列词语以"给……打电话"格式造句。

lǎoshī	tóngxué	péngyou	fúwùyuán
老师	同学	朋友	服务员

DIALOGUE II
对话(二)

Lǐ:　　　Wèi, shì Xiǎo Xiè ma?
你：　　喂，是 小 谢 吗?

Xiǎo Xiè:　Wǒ jiù shì。 Nǐ shì nǎ wèi⁴?
小谢：　我 就是。 你是 哪位?

Nǐ:　　　Wǒ shì Xiǎo Wáng a。
你：　　我 是 小 王 啊。

Xiǎo Xiè:　Āi, nǐ hǎo, nǐ hǎo! Yǒu shì ma?
小谢：　哎,你好,你好! 有 事 吗?

Nǐ:　　　Jīntiān xiàwǔ nǐ máng bu máng?
你：　　今天 下午你 忙 不 忙?

Xiǎo Xiè:　Yǒu diǎr⁵ máng, wǒ yǒu liǎng jié kè⁶。
小谢：　有 点儿 忙, 我 有 两 节课。

Nǐ:　　　Nà wǎnshang ne?
你：　　那 晚上 呢?

Xiǎo Xiè:　Wǎnshang bú tài máng。
小谢：　 晚上 不 太 忙。

Nǐ:　　　Wǒmen qù xuéxiào wàibian de fànguǎnr chīfàn, zěnmeyàng?
你：　　我们 去 学校 外边 的 饭馆 吃饭, 怎么样?

Xiǎo Xiè:　Hǎo a, zài nǎr jiàn? Jǐ diǎn?
小谢：　好啊, 在 哪儿见? 几点?

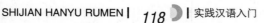

Nǐ:	Liùdiǎn, zài nǐ sùshè ménkǒu, hǎo bu hǎo?
你:	六点，在你宿舍 门口，好 不 好?

Xiǎo Xiè:	Hǎo, wǒ de sùshè shì qīhào lóu。 Liùdiǎn jiàn。
小谢:	好，我 的宿舍 是七号楼。 六点 见。

New Words 生词

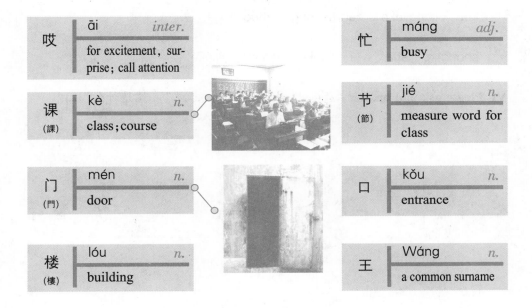

哎	āi *inter.* for excitement, surprise; call attention

课 (課)	kè *n.* class; course

门 (門)	mén *n.* door

楼 (樓)	lóu *n.* building

忙	máng *adj.* busy

节 (節)	jié *n.* measure word for class

口	kǒu *n.* entrance

王	Wáng *n.* a common surname

NOTES 注释

4. This is a polite way of asking who the speaker is. 这是客气地询问对方名字的说法。

5. "Yǒu diǎnr" also means a little bit, but the phrase appears only before an adjective. "有点儿"表示有一点儿，只在形容词前出现。

6. "Kè" is used to refer to both types of courses and the number of class periods. To ask types of courses, say "Nǐ yǒu shénme kè"? To ask about number of class periods, say "Nǐ yǒu jǐ jié kè"? "课"可以表示课程或课的节数。 问课程应说，"你有什么课"? 问课的节数应说，"你有几节课"?

EXERCISES 练习

V. Please ask and answer "Zhè ge zěnme shuō? Dì jǐ shēng? Shénme yìsi? "
这个怎么说？第几声？是什么意思？

āi

jié   lóu   máng   mén   ménkǒu   Wáng

kǒu   liǎngjiékè   zěnmeyàng   zhǎo   xiě

shàngkè   shì   wèi   xiàkè   yìhuìr   yìjiékè

VI. Please ask and answer "Zhè shì shénme ménkǒu? "：这是什么门口？

VII. Please ask and answer "Zhè shì jǐ hào lóu? "： 这是几号楼？

VIII. Please ask and answer "Shéi máng？Shéi bù máng？Shéi tài máng le？"
谁忙？谁不忙？谁太忙了？

IX. Ask questions about the underlined parts. 就下线部分提问。

1. Tāmen zuótiān yǒu <u>sì jié kè</u>。 他们昨天有<u>四节课</u>。

2. Wǒmen míngtiān <u>méiyǒu kè</u>。 我们明天<u>没有课</u>。

3. Jīntiān shàngwǔ xuésheng shàng <u>liǎng jié kè</u>。 今天上午学生上<u>两节课</u>。

4. Jīntiān xiàwǔ yǒu <u>yì jié Yàzhōu yánjiū</u>。 今天下午有<u>一节亚洲研究</u>。

X. Use "shàngkè 上课，xiàkè 下课" **to form a dialogue on the number of classes you have everyday，when you go to class and when class is over.**

XI. Act out a phone call in which you do not understand what the person is saying on the other end.   Use what you have learned in Unit Four to deal with the situation. (Duìbuqǐ, wǒ tīng bu dǒng。Qǐng nín màndiǎnr shuō。 Méiguānxi。 Dì jǐ shēng？ Shénme yìsi? 对不起，我听<u>不懂</u>。请您慢点儿说。 没关系。 第几声？ 什么意思？)

FIELD TASKS 交际任务

1. Make an appointment over the phone with a Chinese friend of yours. Report when you made the call，to whom and what the appointment is. When you show up for the appointment， please ask your friend to fill in the form your teacher gives you. 给你的一个中国朋友打电话。并在约定的地点和时间见面。见面时，请你的中国朋友填一下老师给你的表。

2. Please give your teacher a call. 给老师打一个电话。

15 Unit Fifteen

第十五单元

和工作人员聊天儿
Chatting with An Employee
Hé Gōngzuò Rényuán Liáotiānr

DIALOGUE I
对话(一)

Zài Gōngyuánr Ménkǒu
(在公园儿门口)

你： Shīfu, nín hǎo! Nín guì xìng?
师傅，您好! 您 贵姓?

Shīfu： Nǐ hǎo! Wǒ xìng Zhāng。 Nǐ cóng nǎr lái ya?
师傅： 你好! 我 姓 张。 你从哪儿来呀?

你： Cóng Jiānádà lái。 Qǐng wèn, nín shì bu shì zài zhè ge gōngyuánr
你： 从加拿大来。 请问， 您是不是 在这个 公园儿

shàngbān[1]?
上班?

Shīfu： Shì a, yǒu shì ma?
师傅： 是啊，有事吗?

你： Méishì, wǒ shì liúxuéshēng, xiǎng liáotiānr, liànxí shuō Zhōngwén。
你： 没事，我 是留学生， 想 聊天儿,练习 说 中文。

Wèn nín jǐ ge[2] wèntí, xíng ma?
问 您几个问题， 行吗?

Shīfu： Xíng a, wèn ba。
师傅： 行啊，问吧。

Nǐ: Nín zài gōngyuánr zuò shénme gōngzuò?
你：您 在 公园 做 什么 工作？

Shīfu: Bǎo'ān.
师傅：保安。

Nǐ: Nín měitiān jǐ diǎn shàng bān? Jǐ diǎn xià bān?
你：您 每天 几点 上班？ 几点 下班？

Shīfu: Zǎoshang qīdiǎn shàng bān.
师傅：早 上 七点 上班。

Nǐ: Wèishénme nàme³ zǎo shàng bān?
你：为 什么 那么 早 上班？

Shīfu: Yīnwèi gōngyuánr qīdiǎn kāimén⁴.
师傅：因为 公园 七点 开门。

Wǒ xiàwǔ liùdiǎn xià bān, yīnwèi gōngyuánr liùdiǎn guānmén.
我下午 六点 下班，因为 公园 六点 关门。

Nǐ: Nà nín hěn xīnkǔ a!
你：那您 很 辛苦 啊！

New Words 生词

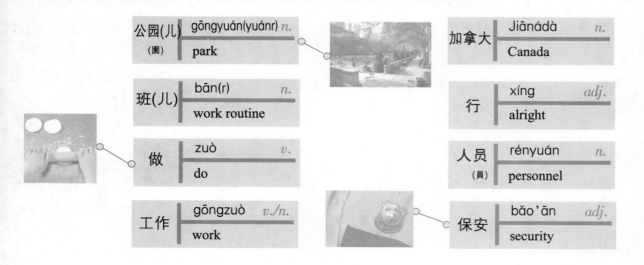

公园(儿) gōngyuán(yuánr) n.
(園) park

班(儿) bān(r) n.
work routine

做 zuò v.
do

工作 gōngzuò v./n.
work

加拿大 Jiānádà n.
Canada

行 xíng adj.
alright

人员 rényuán n.
(員) personnel

保安 bǎo'ān adj.
security

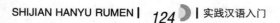

| 每 | měi | adj. |
| | every | |

| 关
(關) | guān | v. |
| | close | |

| 聊天儿 | liáotiānr | v. |
| | chat | |

| 因为
(爲) | yīnwèi | conj. |
| | because | |

| 开
(開) | kāi | v. |
| | open | |

| 辛苦 | xīnkǔ | adj. |
| | hard | |

| 为什么
(爲)(麼) | wèishénme | qp. |
| | why | |

NOTES 注释

1. As in the case of going to class "Shàngkè," "shàngbān" means to go to work, to start work, or work at a place. By the same token, "shàngxué" means to go to school. The antonyms are "xiàbān, xiàkè, xiàxué." "上"字的多种用法。如：上班，上课，上学。反义词是下班，下课，下学。

2. In statements, "jǐ ge" means "several." 一般来说，在陈述句中"几个"是several 的意思。

3. "Nàme" as "that" is an adverb modifying adjectives. Example: "Nǐ nàme hǎo。"By the same token, "zhème"as "this"is also an adverb, as in "Nǐ zhème hǎo"。"那么"是副词，以加强程度。相当于 that。如：你那么好。由此而论，"这么"相当于 this，如：你这么好。

4. "Kāi" has multiple meanings. "Kāimén"is to open the door. "Kāichē" is to drive a vehicle. "Kāi diànnǎo" is to turn on the computer. 开有几种用法。如：开门，开车，开电脑。

EXERCISES 练习

I. Please form a dialogue on "Tā zuò shénme?" 他做什么？

II. In a group of two, ask and answer each other: "Nǐ jiā shéi yǒu gōngzuò? Měitiān jǐ diǎn shàngbān, xiàbān?" 两人一组。 互相 问答"你家谁有工作？ 每天几点上班 下班"？ 然后用第三人称告诉全班。

III. Please form a dialogue on "Tā kāi shénme?" 他开什么？

IV. Use "shì bu shì" **to ask and answer questions based on the following sentences.** 用 "是不是" 就下面的句子做问答。

   1. Wǒ xué Yàzhōu yánjiū。   我学亚洲研究。

   2. Wǒ gěi wǒ bàba xiě xìn。   我给我爸爸写信。

   3. Lǎoshī hěn xīnkǔ。   老师很辛苦。

   4. Tā shàngwǎng le。   他上网了。

   5. Wǒmen zuò huǒchē。   我们坐火车。

   6. Tāmen huàn qián。   他们换钱。

V. Yòng "wèishénme" **hé** "yīnwèi" **make dialogues on the above statements.** 就上面的句子用 "为什么" "因为"做问答。

VI. Please use each of the following ter "měitiān, měi xīngqī, měiyuè, měinián, měirén, měicì" **to make up a dialogue in a group of two.** 用 "每天、每星期、每月、每年、每人、每次"做对话。

DIALOGUE II
对话(二)

Nǐ:
你：
Xiānsheng, nín hǎo! wǒ shì Měiguó liú xuéshēng, lái zhèr mǎi diànnǎo,
先生， 您好！ 我是 美国 留 学生，来这儿买电脑，
Nín shì zài zhè ge lóu shàngbān ma?
您是 在 这 个 楼 上班 吗？

Xiānsheng:
先生：
Shì a, wǒ zài zhè ge lóu sāncéng de "Měihǎo Diànnǎo Gōngsī" gōngzuò.
是啊， 我在 这个楼 三层 的"美好电脑公司" 工作。

Nǐ shuō:
你说：
Nín guì xìng?
您贵姓？

Xiānsheng:
先生：
Wǒ xìng Bái.
我姓白。

Nǐ:
你：
Bái xiānsheng, nín zài gōngsī zuò shénme gōngzuò, gōngzuò jǐ nián le?
白 先生， 您在 公司 做 什么 工作， 工作几年了？

Bái xiānsheng:
王先生：
Wǒ shì gōngsī jīnglǐ. Dāng jīnglǐ dāng le wǔ nián le.
我是公司经理。 当经理 当了五年 了。

Nǐ:
你：
Nǐmen gōngsī yǒu duōshao rén?
你们 公司 有 多少 人？

Bái xiānsheng:
王先生：
Sìshí duō ge. Wǒmen yǒu shí jǐ ge⁵ bàngōngshì, nǐ kěyǐ lái cānguān.
四十多个。 我们 有十几个 办公室，你可以来 参观。

Nǐ:
你：
Zhēn de ma? Xièxie.
真的吗？ 谢谢。

New Words   生词

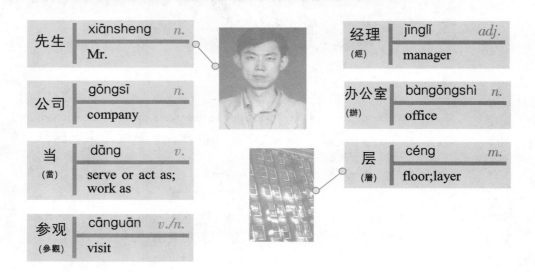

先生	xiānsheng	*n.*
	Mr.	

公司	gōngsī	*n.*
	company	

当 (當)	dāng	*v.*
	serve or act as; work as	

参观 (參觀)	cānguān	*v./n.*
	visit	

经理 (經)	jīnglǐ	*adj.*
	manager	

办公室 (辦)	bàngōngshì	*n.*
	office	

层 (層)	céng	*m.*
	floor;layer	

NOTES   注释

5. "Shí jǐ ge" means more than ten. One also say " shí duō ge." "十几个"也可以说"十多个"。

EXERCISES   练习

VII. **Please ask and answer among yourselves** "Zhè ge zěnme shuō?Dì jǐ shēng? Shénme yìsi". 这个怎么说？第几声？是什么意思？

bān(bār) cānguān dāng dāngjīnglǐ gōngyuán gōngsī gōngyuár gōngzuò guān guānmén

jīnglǐ kāi kāichē kāidiànnǎo kāifēijī kāimén xiānsheng xīnkǔ yīnwèi

céng liáotiān liáotiār xiǎojie xíng

bǎoān bǎoānrényuán měi měicì měirén měitiān měixīngqī

bàngōngshì shàngbān wèishénme xiàbān zuò

VIII. **In a group of two, ask and answer the following questions.** 两人一组互相
问答。

Nǐ jiā (nǐ de sùshè, lǚguǎn, shàngkè de lóu) yǒu jǐ céng (lóu)?
你家 (你的宿舍、旅馆、上课的楼) 有几层 (楼)?

Nǐ xiànzài zhù jǐ céng?   你现在住几层?

Nǐ zài jǐ céng shàngkè?   你在几层上课?

IX. **Make questions and answers using the given phrases.** 用下面的词组造问答
句。

Example,   zhù   liǎngge   yuè   住   两个月
         Nǐ zài Zhōngguó zhù le jǐ ge yuè?   你在中国住了几个月?
         Wǒ zài Zhōngguó zhù le liǎng ge yuè。   我在中国住了两个月。

1. chī zhōngfàn   yí ge xiǎoshí   吃中饭   一个小时

2. zuò fēijī   yìtiān   坐飞机   一天

3. shàngwǎng   yí ge wǎnshang   上网   一个晚上

4. tīng yīnyuè   yíhùr   听音乐   一会儿

5. shàngkè   yí ge shàngwǔ   上课   一个上午

FIELD TASKS   交际任务

1. Please visit a school cafeteria, a restaurant, anInternet Café and make a note of
the business hours. Please also inquire into the names of the business. Report in
class. 请你到一个学校餐厅、饭馆、网吧去。看看餐
厅、饭馆、网吧的开门和关门时间。问问餐厅、饭
馆、网吧叫什么。回来后在班里汇报。

2. Please have a chat with a Chinese who works. Please ask his/her last name, where he/she works, what work, work schedule, whether the person has an office, how many people are there at his/her workplace? how long has he/she been working at the place? Record and report to class. 请你和一个中国人聊天。问他/她姓什么, 在哪儿上班, 上班的地方有多少工作人员, 有没有办公室, 上班时间, 做什么工作, 工作了多久。然后到班里汇报。

第十六单元

确认机票 Confirming Airplane Ticket

Quèrèn Jīpiào

Guóháng[1] Rényuán：
Zhōngguó Guójì Hángkōng Gōngsī, nín hǎo!

国航人员：
中国　国际 航空公司，　您好!

Nǐ：
Xiǎojiě, Nín hǎo! Wǒ xiǎng quèrèn jīpiào.

你：
小姐，您好! 我　想　确认机票。

Guóháng Rényuán：
Nǎ tiān de fēijī? Nǎ cì bānjī?

国航人员：
哪 天 的飞机? 哪次班机?

Nǐ：
Qīyuè èrshísān hào de fēijī. Dànshì wǒ bù zhīdào

你：
七月二十三号的飞机。但是 我 不 知道

shì nǎ cì bānjī.

是哪次班机。

Guóháng Rényuán：
Zhīdào fēijī jǐ diǎn qǐfēi ma? Qù nǎr?

国航人员：
知道飞机几点起飞吗? 去哪儿?

Nǐ：
Zhōngwǔ shíèrdiǎn bàn de fēijī, qù Àodàlìyà.

你：
中午　十二点半 的飞机,去澳大利亚。

Guóháng Rényuán：
Qǐng děng yíxià, nǐn jiào shénme míngzi?

国航人员：
请　等一下,您叫 什么名字?

Nǐ：
Wǒ jiào Xiè Guó'ān, "Xiè" shì wǒ de xìng.

你：
我叫　谢国安，"谢"是 我的姓。

Guóháng Rényuán：
Qǐng nǐn pīn yíxià, hǎo ma?

国航人员：
请　您拼一下,好吗?

Nǐ：
Hǎo, ... 。

你：
好,…… 。

Guóháng Rényuán：
Xièxie, nǐn de jīpiào quèrèn hǎo le[2].

国航人员：
谢谢，您 的机票 确认 好了。

Nǐ: 你:	Wǒ kěyǐ bu kěyǐ dìng wèizi? 我 可以不可以订 位子?	

Guóháng Rényuán：
国航人员：   Duìbuqǐ, wèizi dào jīchǎng cái néng dìng.
对不起，位子到 机场才能订。

Nǐ:
你: Háiyǒu, wǒ bù chī ròu.
还有，我不吃肉。

Guóháng Rényuán：
国航人员：   Méi wèntí, wǒmen huì géi nǐ zhǔnbèi sùcài de[3].
没问题，我们 会给 你 准备 素菜 的。

Nǐ:
你: Xièxie.
谢谢。

New Words 生词

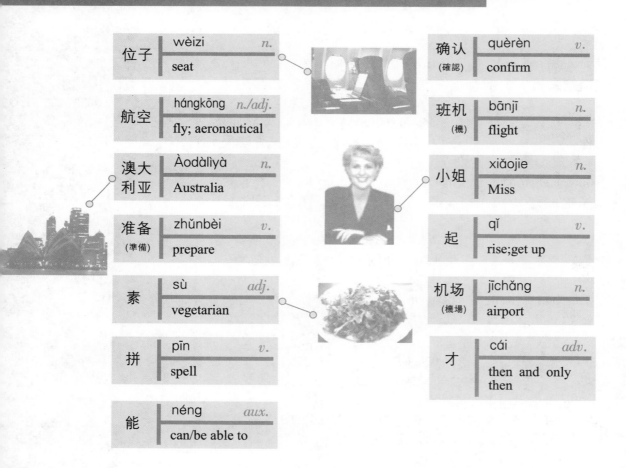

位子	wèizi *n.* seat
航空	hángkōng *n./adj.* fly; aeronautical
澳大 利亚	Àodàlìyà *n.* Australia
准备 (準備)	zhǔnbèi *v.* prepare
素	sù *adj.* vegetarian
拼	pīn *v.* spell
能	néng *aux.* can/be able to

确认 (確認)	quèrèn *v.* confirm
班机 (機)	bānjī *n.* flight
小姐	xiǎojie *n.* Miss
起	qǐ *v.* rise;get up
机场 (機場)	jīchǎng *n.* airport
才	cái *adv.* then and only then

1. "Zhōngguó guójì hángkōng gōngsī" is also called "Guóháng". "国航" 是 "中国国际航空公司" 的简称。

2. "Hǎo le" means "finished". "好了" 是做完了的意思。

3. "De" expresses certainty. "的" 用在这两个陈述句尾表示非常肯定的语气。

EXERCISES 练习

I. **Please ask among yourselves** "Zhè ge zěnme shuō? Dì jǐ shēng? Shénme yìsi?" 这个怎么说？第几声？是什么意思？

bānjī   fēijīchǎng   jīchǎng   pīn

cái   hángkōng   hángkōnggōngsī

qǐchuáng   qǐfēi   zhǔnbèi

àodàlìyà   quèrèn   sùcài   zuòwèi   wèizi

II. **In a group of two, ask and answer** "Nǐ quèrèn shénme?" 两人一组互问答 "你确认什么？"

III. **In a group of three, please use** "hǎo le" **to dialogue with an affirmative and negative answer.** 用 "好了" 造句。

Example(举例)：fàn zuò   Fàn zuò hǎo le ma?   Hái méiyǒu.   Or Hǎo le.
　　　　　　　饭做　　　　饭做好了吗？　　　　还没有。　　　　好了。

1. xìn　　　信　　　　　xiě　　　写

2. hùzhào　护照　　　　　zhǔnbèi　准备

3. piào　　　票　　　　　dìng　　订

4. wèizi　　位子　　　　　quèrèn　确认

5. Zhōngwén 中文　　　　liànxí　练习

6. chènshān　衬衫　　　　mǎi　　买

IV. Use "cáinéng" **to dialogue. 用 "才能" 问答。**

Example(举例): yǒu hùzhào　qù Yīngguó　Zěnyàng cáinéng qù Yīngguó?
　　　　　　有护照　　去英国　　怎样才能去英国？
　　　　Yǒu hùzhào cáinéng qù Yīngguó。
　　　　有护照才能去英国。

1. fù qián　　zhù lǚguǎn　　　　付钱　　　　住旅馆

2. yǒu kǎ　　shàng jī　　　　　有卡　　　　上机

3. mǎi piào　zuò qìchē　　　　买票　　　　坐汽车

4. lái Běijīng　qù Chángchéng　　来北京　　　去长城

5. zài fànguǎn　diǎn cài　　　　在饭馆　　　点菜

V. In a group of two, ask each other "Nǐ zuò nǎ jiā hángkōnggōngsī de fēijī huí guó? Nǎ tiān de fēijī? Jǐ diǎn de fēijī? Nǐ zhǔnbèi shénme shíhou quèrèn jīpiào?" **and report to class.** 两人一组互问下列问题并汇报。 你坐哪家航空公司的飞机回国？哪天的飞机？ 几点的飞机？ 你准备什么时候确认机票？

Please confirm your ticket for your flight, and tell the class how and when you did it, even if you are not sure if you need to confirm your ticket. 确认你的机票。告诉班里你怎么确认的，什么时候确认的。

17
Unit Seventeen

第十七单元
中国学校和你的学校的比较
Comparing Chinese Universities with Your University
Zhōngguó Xuéxiào hé Nǐ de Xuéxiào de Bǐjiào

DIALOGUE I
对话(一)

Zhōngguó xuésheng:　Nǐ juéde Zhōngguó dàxué de xiàoyuán hé
中国学生：　你觉得 中国　大学 的 校园　和
　　　　　　　　　nǐmen de xiàoyuán yǒu shénme bù yíyàng?
　　　　　　　　　你们 的 校园　有什么不一样?

Nǐ:　Wǒmen de xiàoyuán méiyǒu wéiqiáng,
你：　我们　的 校园　没有　围墙，
　　yě méiyǒu dàmén[1]。
　　也 没有 大门。
　　Dànshì yǒu shūdiàn、tíngchēchǎng hé jǐ ge
　　但是 有 书店、停车场 和几个
　　diànnǎo zhōngxīn。
　　电脑　中心。

Zhōngguó xuésheng:　Nǐmen de shūdiàn hé wǒmen de yíyàng
中国学生：　你们 的 书店和 我们 的一样
　　　　　　　　　bù yíyàng?
　　　　　　　　　不一样?

Nǐ:　Bú tài yíyàng, wǒmen de shūdiàn chúle
你：　不太一样, 我们　的 书店 除了
　　mài shū yǐwài, hái mài biéde dōngxi。
　　卖 书以外, 还 卖 别的 东西。

Zhōngguó xuésheng:　Diànnǎo zhōngxīn shì bu shì wǎngba de yìsi?
中国学生：　电脑　中心　是不是 网吧的意思?

Nǐ: 你：	Shì, dànshì zài diànnǎo zhōngxīn yòng diànnǎo 是，但是在 电脑　中心 用 电脑 bú yòng huā qián, yòng mìmǎ, wǒmen xuéxiào 不用　花钱，　用密码，我们　学校 měi ge rén dōu yǒu mìmǎ。 每 个人都 有 密码。
Zhōngguó xuésheng: 中国学生：	Nà búshì nǐmen xuéxiào de rén jiù bù néng 那不是 你们 学校　的人 就 不能 yòng nǐmen de diànnǎo, duì ma? 用　你们的　电脑，对吗？
Nǐ: 你：	Duì, zài xiàowài yǒu fùyìn hé dǎyìn fúwù, 对，在　校外 有 复印 和 打印 服务， shéi dōu² kěyǐ dào nàr qù yòng diànnǎo。 谁　都 可以到那儿去用　电脑。

New Words 生词

校园 (園)	xiàoyuán campus	*n.*	围墙 (墙)	wéiqiáng circling wall	*n.*
书 (書)	shū book	*n.*	书店 (書)	shūdiàn bookstore	*n.*
停车场 (車場)	tíngchē chǎng parking lot	*n.*	中心	zhōngxīn center	*n.*
复印 (複)	fùyìn photocopy	*v./adj.*	打印	dǎyìn print	*v.*
觉得 (覺)	juéde feel	*v.*	一样 (樣)	yíyàng same	*adj./adv.*
花	huā spend	*v.*	除了… 以外	chúle…yǐwài except; except for	*prep.*

东西	dōngxi	*n.*
	things	

NOTES　注释

1. "Dàmén 大门 " means "gate".

2. "Shéi dōu" means "anyone". " 谁都 " 是任何人的意思。

EXERCISES　练习

I. Two people a group to dialogue on "Nǐmen xuéxiào de xiàoyuán yǒu shénme?"
Then report to class in the third person. 两人一组,互问答 "你们学校的校园有什么？" 然后向班里汇报。

II. Use "juéde" **to make up a dialogue.** 用 " 觉得 " 对话。

    Example(举例)： xiàoyuán
                 校园

Nǐ juéde zhè ge xiàoyuán zěnmeyàng?
你觉得这个校园怎么样？
Wǒ juéde zhè ge xiàoyuán hěn měi。
我觉得这个校园很美。

1. gōngyuán   公园

2. cāntīng   餐厅

3. nǐ de xuéxiào   你的学校

4. nǐ de fángjiān   你的房间

5. nǐ de guójiā   你的国家

III. Use "huā" to dialogue. 用"花"对话。

Example(举例): Wǒ xué le liǎng ge xiǎoshí de Zhōngwén.
我学了两个小时的中文。

Nǐ huā le jǐ ge xiǎoshí xué Zhōngwén?
你花了几个小时学中文？

Wǒ huā le liǎng ge xiǎoshí.
我花了两个小时。

1. Wǒ shàngwǎng shàng le yìtiān.   我上网上了一天。

2. Wǒmen zuò le sān ge xīngqī de qìchē.   我们坐了三个星期的汽车。

3. Zhè tiáo kùzi èrshí kuài qián.   这条裤子二十块钱。

4. Wǒ de shū sìshí sān kuài qián.   我的书四十三块钱。

IV. Use "chúle......yǐwài" to dialogue. 用"除了……以外"对话。

Example(举例): shàngkè   zuòfàn
上课   做饭

Nǐ chúle shàngkè yǐwài, hái zuò shénme?
你除了上课以外，还做什么？

Wǒ chúle shàngkè yǐwài, hái zuòfàn.
我除了上课以外，还做饭。

1. zuò fēijī	zuò qìchē	坐飞机	坐汽车
2. qù gōngyuán	qù Chángchéng	去公园	去长城
3. hē shuǐ	chī miàn	喝水	吃面
4. xiě shū	xiěxìn	写书	写信

V. Use the pattern "gēn...yíyàng" to make up sentences. 用"跟……一样"造句。

Example(举例): wǒ de xié   tā de xié
我的鞋   他的鞋

Wǒ de xié gēn tā de yíyàng.
我的鞋跟他的一样。

1. jiějie de gōngzuò   mèimei de gōngzuò
   姐姐的工作   妹妹的工作

2. wǒ de tóngxué yào de cài   wǒ yào de cài
   我的同学要的菜   我要的菜

3. zhè ge shūdiàn   nà ge shūdiàn
   这个书店   那个书店   (bù yíyàng 不一样)

4. fùyìn jiàn (copy)   dǎyìn jiàn (print out)
   复印件   打印件   (bù yíyàng 不一样)

VI. Use the pattern "hé…yíyàng+adj." **to make up sentences.** 用"和……一样+形容词"造句。

Example：   bàba   māma   hǎo
例子：   爸爸   妈妈   好
Bàba hé māma yíyàng hǎo.
爸爸和妈妈一样好。

1. wǒ de diànnǎo   tā de diànnǎo   xiǎo
   我的电脑   她的电脑   小

2. zhè ge tíngchēchǎng   nà ge tíngchēchǎng   dà
   这个停车场   那个停车场   大

3. zhè ge shūdiàn de shū   nà ge shūdiàn de shū duō
   这个书店的书   那个书店的书   多

4. lǎoshī de yīfu   xuésheng de yīfu lán
   老师的衣服   学生的衣服   蓝

DIALOGUE II
对话(二)

Zhōngguó xuésheng: Nǐ juéde wǒmen liǎng xiào de xuésheng yǒu shénme bùtóng[3]?
中国学生：   你 觉得 我们 两 校 的 学生 有 什么 不同?

你:	Nǐmen hěn yònggōng. *Cóng* zǎo *dào* wǎn[4] *dōu* zài[5] xuéxí.
	你们 很 用功。 从 早 到 晚 都 在 学习。
	Zài wǒmen xuéxiào, wǒ de hěnduō tóngxué měi tiān *chúle*
	在 我们 学校，我 的很多 同学 每天 除了
	shàngkè *yǐwài* *hái* yào gōngzuò, xuéxí shíjiān búgòu.
	上课 以外还 要 工作，学习 时间 不够。

中国学生:	Nǐmen zěnme xuéxí? Shì zìjǐ xué háishi yìqǐ xué?
Zhōngguó xuésheng:	你们 怎么 学习？ 是自己学还是一起学？

你:	Wǒmen chángcháng zìjǐ xué, yǒushíhou jǐ ge rén yìqǐ xué.
	我们 常常 自己学,有时候 几个人一起学。
	Zhōngguó xuésheng yuànyì yìqǐ xuéxí, duì ma?
	中国 学生愿意一起学习，对吗？

中国学生:	Duì. *Chúle* xuéxí hé gōngzuò *yǐwài*, nǐmen duànliàn bu
Zhōngguó xuésheng:	对。 除了学习和 工作 以外,你们 锻炼 不
	duànliàn shēntǐ?
	锻炼身体？

你:	Duànliàn, dànshì, wǒmen xuéxiào méiyǒu guǎngbō,
	锻炼， 但是， 我们 学校 没有 广播,
	Wǒmen zìjǐ duànliàn.
	我们 自己 锻炼。

中国学生:	Yàoshì méiyǒu guǎngbō, wǒ qǐ bulái[6].
Zhōngguó xuésheng:	要 是 没有 广播,我 起不来。

你:	Wǒ dǒng nǐ de yìsi. Wǒ zǎoshang yě bú yuànyì qǐchuáng.
	我 懂你的意思。我 早上 也 不 愿意 起床。

New Words 生词

用功	yònggōng	*adj.*
	hardworking	

学习 (學習)	xuéxí	*v./n.*
	study	

| 够 | gòu | adj. |
| | enough | |

| 时间
(時間) | shíjiān | n. |
| | time | |

| 锻炼
(煉) | duànliàn | v. |
| | exercise | |

| 广播
(廣) | guǎngbō | n. |
| | broadcast | |

| 起床
(牀) | qǐchuáng | v. |
| | get up (from bed) | |

| 有时候
(時) | yǒushíhou | adv. |
| | sometimes | |

| 要是 | yàoshì | conj. |
| | if | |

| 身体
(體) | shēntǐ | n. |
| | health | |

| 愿意
(願) | yuànyì | v./aux. |
| | be willing | |

NOTES 注释

3. "Bùtóng" is the same as "bù yíyàng." "不同"和"不一样"是一个意思。

4. "Cóng ... dào" is everything from one point to another. Example：cóng Běijīng (de xuéxiào) dào Shànghǎi de xuéxiào dōu yǒu qìchē. (All the schools in Beijing and Shanghai have buses.) "从……到都"的意思是从某一点到另一点无所不有。如：从北京(的学校)到上海的学校都有汽车。

5. "Zài" means one is doing something right now. Example：Nǐ zài zuò shénme? Wǒ zài tīng guǎngbō. "在"是正在做某一件事的意思。 如：你在做什么？我在听广播。

6. "Qǐ lái" means to get up from a lower position，often referring to getting up from bed. "Qǐ bùlái" means "cannot get up," "bùlái" is a complement of result. "起不来"的"不来"是动词结果补语。

EXERCISES 练习

VII. Please ask and answer among yourselves " Zhè ge zěnme shuō? Dì jǐ shēng? Shénme yìsi? " 这个怎么说？ 第几声？ 是什么意思？

dōngxi huā huāqián huāshíjiān shēntǐ shū shūdiàn zhōngxīn

bié biéde biérén chúle...yǐwài juéde qiáng tíngchēchǎng
wéiqiáng yíyang

dǎyìn dǎyìnzhōngxīn guǎngbō yǒushíhou

bùtóng bùyíyang duànliàn fùyìn fùyìnzhōngxīn gòu
xiàoyuán xuéxí yònggōng yuànyì

VIII. Three people form a group to dialogue on a complement of result： 三人
一组用结果补语会话

Exemple(举例): **Nǐ jìnlai**。 你进来。
　　　　　A：Nǐ jìn de lái ma? 你进得来吗？
　　　　　B：Wǒ jìn de lái。 我进得来。
　　　　　C：Wǒ jìn bù lái。 我进不来。

1. tīng _dǒng_ 　　Zhōngwén shū 　　听懂 　　中文书

2. mǎi _dào_ 　　piào 　　买到 　　票

3. shàng _qù_ 　　zhè liàng chē 　　上去 　　这辆车

IX. Make up sentences with "cóng"... "dāo dōu"： 用 "从……到都" 造句
Example(举例)： dì yī diànnǎo zhōngxīn 　 dì bā diànnǎo zhōngxīn
　　　　　　　 第一电脑中心 　　　　　　第八电脑中心
Cóng dì yī diànnǎo zhōngxīn dào dì bā diànnǎo zhōngxīn _dōu_ bú yào qián。
从第一电脑中心到第八电脑中心都不要钱。

1. Zhōngguó 　　Měiguó 　　中国 　　美国

2. Zhège lǚguǎn 　　nàge lǚguǎn 　　这个旅馆 　　那个旅馆

3. wǒ de fángjiān   tā de fángjiān   我的房间   她的房间

4. zhè lù chē   nà lù chē   这路车   那路车

X. Use "zài" duìhuà：用"在"对话
Example(举例)： chī fàn   Nǐ zài zuò shénme?   Wǒ zài chīfàn.
                    吃饭   你在做什么？   我在吃饭。

1. shàng kè   上课

2. shàng wǎng   上网

3. mǎi dōngxi   买东西

4. diǎn cài   点菜

FIELD TASKS   交际任务

1. Please look around the campus to note the similarities and differences with your home campus. Report what you have noted in class. 请你用所学过的词看看这个校园有什么。到班里说一说。

2. Please make a photocopy and a printout. Then report your experience in class. 请你打印和复印一份文件。 到班里说说你怎么打印和复印的。

18

DIALOGUE I
对话(一)

Zhōngguó xuésheng：　　Nǐmen guójiā yǒu Zhōngguó fànguǎnr ma?
中国学生：　　你们 国家 有　中国　饭馆　吗?

Nǐ：　　Yǒu，　dànshì hé zhèr de Zhōngguó fànguǎnr
你：　　有，　但是 和这儿的　中国　饭馆
　　　　bù yíyàng。
　　　　不一样。

Zhōngguó xuésheng：　　Wèishénme ne?
中国学生：　　为 什么 呢?

Nǐ：　　Zài zhèr shuǐ yào zìjǐ diǎn。　　Dànshì zài
你：　　在这儿水要自己点。　但是 在
　　　　wǒmen nàr, shuǐ búyòng diǎn。Háiyǒu,
　　　　我们那儿,水 不用　点。还有,
　　　　zài wǒmen nàr, shuǐ li yǒu bīngkuàir。
　　　　在我们那儿,水里有 冰块儿。

Zhōngguó xuésheng：　　Nà nǐmen yídìng shì xǐhuan hē liáng de[1]。
中国学生：　　那你们 一定 是 喜欢喝凉　的。
　　　　Zhōngguórén duōbànr[2] bù xíguàn hē bīngshuǐ。
　　　　中国人　多半(儿)不习惯 喝 冰水。

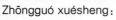

你：
Nǐ:
另外，在 我们 那儿，吃完饭，服务员
Lìngwài, zài wǒmen nàr, chī wán fàn, fúwùyuán
会 给一个 签语饼。
huì gěi yí ge qiānyǔbǐng.

中国学生：
Zhōngguó xuésheng:
我 没 听说 过。 签语饼 是 什么
Wǒ méi tīngshuō[3] guo. Qiānyǔbǐng shì shénme
样 的[4]?
yàng de[4]?

你：
Nǐ:
签语饼 就是一个 饼干， 样子 像
Qiānyǔbǐng jiùshì yí ge bǐnggān, yàngzi xiàng
馄饨。里边 有 一个纸条，纸条 上
húntún. Lǐbian yǒu yí ge zhǐtiáo, zhǐtiáo shàng
写着 祝人 愉快 的话。
xiě zhe zhù rén yúkuài de huà.

中国学生：
Zhōngguó xuésheng:
是吗？ 真 有意思。
Shì ma? Zhēn yǒuyìsi[5].

New Words 生词

| 冰 | bīng | n. |
| | ice | |

| 冰块(儿) (塊)(兒) | bīngkuài(r) | n. |
| | ice cube | |

| 凉 | liáng | adj. |
| | cold | |

| 习惯 (習慣) | xíguàn | v. |
| | be accustomed to | |

| 像 | xiàng | v. |
| | look like | |

| 样子 (樣) | yàngzi | n. |
| | appearance | |

| 完 | wán | v. |
| | finish | |

| 饼干 (餅乾) | bǐnggān | n. |
| | biscuit | |

签语饼 (簽語餅)	qiānyǔbǐng *n.* fortune cookie

纸条 (條)	zhǐtiáo *n.* note

一定	yídìng *adv.* certainly

馄饨 (餛飩)	húntún *n.* wonton

另外	lìngwài *adv.* in addition

海外	hǎiwài *n.* overseas

NOTES 注释

1. If "liáng" refers to water, it can be used in two ways. "Liángshuǐ" means water from the faucet. "Liángkāishuǐ" means boiled water at room temperature. 如指水，"凉水"指水管里的水。"凉开水"指烧开过的凉水。

2. "Duōbànr" means "mostly, in most cases"。"多半(儿)"的意思是大部份。

3. "Tīngshuō" means "have heard". "Guo" means "to have done something". For example：Wǒ qù guo Shànghǎi. "听说"和"过"的意思。"过"表示做过某事。如：我去过上海。

4. In the part of this question, "shì shénme yàng de," "yàng" is the abbreviated version of "yàngzi." This pattern is used for asking what something looks like. Example：Huǒchē shì shénme yàng de? What does the train look like? "样"就是"样子"。想知道一个东西的样子可用此句型。如：火车是什么样的？

5. "Yǒuyìsi 有意思" means "interesting." The antonym is " méi (yǒu) yìsi 没(有)意思"。

EXERCISES 练习

I. Use "xíguàn" to make up dialogues. 用"习惯"对话。

    Example(举例): hē bīngshuǐ   Nǐ xíguàn hē shénme?   Wǒ xíguàn hē bīngshuǐ。

    喝冰水   你习惯喝什么？   我习惯喝冰水。

    1. chī liángmiàn   吃凉面

    2. diǎn húntún   点馄饨

    3. xiě zhǐtiáo   写纸条

    4. zuò fēijī   坐飞机

II. Use "wán" to make up dialogues. 用"完"对话。

    Example(举例): huàn qián   Nǐ huàn wán qián le ma?

    换钱   你换完钱了吗？

    Méi huàn wán。   (Huàn wán le。)

    没换完。   (换完了。)

    1. dìng fángjiān   订房间

    2. tián biǎo   填表

    3. zhǎo qián   找钱

    4. wèn wèntí   问问题

    5. mǎi dōngxi   买东西

    6. fù yājīn   付押金

III. Use "tīngshuō" to make up dialogues. 用"听说"对话。

    Example(举例): Lǎoshī huì zuò liángmiàn。   Nǐ tīngshuō le shénme?

    老师会做凉面。   你听说了什么？

    Wǒ tīngshuō lǎoshī huì zuò liángmiàn。

    我听说老师会做凉面。

1. Kèren dōu zǒu le。 客人都走了。

2. Méiyǒu fēijī piào le。 没有飞机票了。

3. Zhège lǚguǎn de chuáng hěn yìng。 这个旅馆的床很硬。

4. Lǜchá duì rén de shēntǐ hǎo。 绿茶对人的身体好。

IV. Use "yǒuyìsi" and "méiyǒu yìsi" to make up dialogues. 用"有意思"跟 "没有意思"对话。

Example(举例): xiěxìn Nǐ juéde xiěxìn yǒu méiyǒu yìsi?   Yǒu yìsi。
　　　　　　　写信　你觉得写信有没有意思？　　　　　有意思。

Wèi shénme? Yīnwèi xiěxìn de shíhou wǒ néng xiǎng shìr。
为什么？　　　因为写信的时候我能想事。

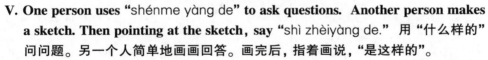

1. qù jiǔbā 去酒吧

2. shàng wǎng 上网

3. zhōngwén kè 中文课

4. juéshìyuè 爵士乐

V. One person uses "shénme yàng de" to ask questions. Another person makes a sketch. Then pointing at the sketch, say "shì zhèiyàng de." 用"什么样的" 问问题。另一个人简单地画画回答。画完后，指着画说，"是这样的"。

Example(举例): miàntiáo 　　　　　　　Miàntiáo shì shénme yàng de?
　　　　　　　面条　　　　　　　　　面条是什么样的？
Miàntiáo shì zhèyàng de。
面条是这样的。

1. yóupiào 邮票

2. mén 门

3. xié 鞋

4. chènshān 衬衫

5. qìchē 汽车

VI. Use "xiàng" to make up dialogues：用"像"对话

Example(举例): wǒ   wǒ māma
我   我妈妈
Nǐ xiàng shéi?   Wǒ xiàng wǒ māma.
你像谁？   我像我妈妈。

1. wǒ dìdi   wǒ gēge   我弟弟   我哥哥

2. Zhè ge Měiguórén   nà ge Yīngguórén   这个美国人   那个英国人

3. zhàngdān   fāpiào   账单   发票

4. cāntīng   fànguǎnr   餐厅   饭馆

5. lǚguǎn   sùshè   旅馆   宿舍

DIALOGUE II
对话(二)

Zhōngguó xuésheng: Zhèr de fànguǎnr hé nǐmen nàr de fànguǎnr háiyǒu
中国学生：   这儿的饭馆 和 你们那儿的中国饭馆还有
                     shénme bùtóng?
                     什么 不同？

Nǐ: Zài wǒmen nàr de Zhōngguó fànguǎnr yào gěi fúwùyuán
你：   在 我们那儿的 中国 饭馆 要给 服务员
                     xiǎofèi. Zài zhèr, fúwùyuán búyào xiǎofèi.
                     小费。在这儿，服务员 不要 小费。

Zhōngguó xuésheng: Nǐmen nàr de fànguǎnr zhōngjiān xiūxi ma?
中国学生：   你们那儿的饭馆 中间 休息吗？

Nǐ: Bù xiūxi, wǒ zhīdào zhèr de fànguǎnr kāimén kāi dào[7]
你：   不休息,我 知道 这的 饭馆儿 开门 开到

xiàwǔ liǎngdiǎn, xiūxi liǎng、sān ge[8] xiǎoshí yǐhòu

下午 两点， 休息 两三个 小时 以后

cái yòu kāimén。

才又 开门。

Zhōngguó xuésheng：　　Shì a，zhèr de gōngzuò rényuán xíguàn shuì wǔjiào。

中国学生：　　是啊,这儿的 工作 人员 习 惯 睡 午觉。

New Words 生词

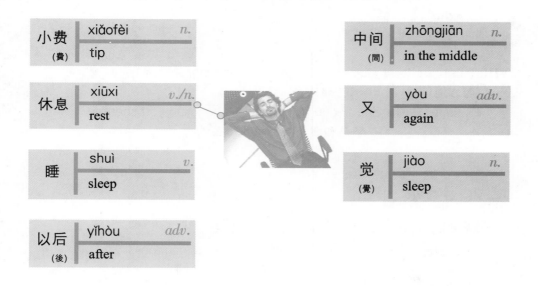

| 小费 (费) | xiǎofèi | *n.* |
| | tip | |

| 休息 | xiūxi | *v./n.* |
| | rest | |

| 睡 | shuì | *v.* |
| | sleep | |

| 以后 (後) | yǐhòu | *adv.* |
| | after | |

| 中间 (間) | zhōngjiān | *n.* |
| | in the middle | |

| 又 | yòu | *adv.* |
| | again | |

| 觉 (覺) | jiào | *n.* |
| | sleep | |

NOTES 注释

7. "Dào" means "to reach a certain point, often in reference to time or place". For instance：Tā tīng yīnyuè tīng dào wǎnshang shídiǎn. Wǒmen zǒu dào gōngyuán qù ba。 "到" 的用法。如:他听音乐听到晚上十点。 我们走到公园去吧。

8. " Liǎng、sān ge" means "two or three".

EXERCISES 练习

VII. Please ask and answer among yourselves "Zhè ge zěnme shuō? Dì jǐ shēng? Shénme yìsi?" 这个怎么说？ 第几声？ 是什么意思？

bīng   bīngkuài(r)   qiānyǔbǐng   xiūxi   zhōngjiān

húntún   liáng   liángcài   liángmiàn   wán   xíguàn   yídìng

bǐnggān   wǔjiào   xiǎofèi   zhǐtiáo

jiào   lìngwài   shuì   shuìjiào   xiàng   yòu

VIII. Point at a local map and dialogue with "zhōngjiān".
　看本地地图，用"中间"对话。
Example(举例)： Zhè tiáo lù hé nà tiáo lù zhōngjiān yǒu shénme?
　　　　　　　这条路和那条路中间有什么？

Yǒu yí ge shāngdiàn。
有一个商店。

IX. Make up sentences with "yòu". 用"又"造句。
Example(举例):　zuótiān　　　jīntiān　　　shàngbān
　　　　　　　昨天　　　　今天　　　上班

Tā zuótiān shàngbān, jīntiān yòu shàngbān le。
他昨天上班，今天又上班了。

1. shàng xīngqī   jīntiān   dǎyìn 　　　　上星期　今天　打印

2. xīngqīwǔ   xīngqītiān   fùyìn 　　　　星期五　今天　复印

3. zǎoshang   xiàwǔ   chuān bái kùzi 　　早上　下午　穿白裤子

4. gāngcái   xiànzài   tíngchē 　　　　刚才　现在　停车

X. Make up sentences with "zài". 用 "再" 造句。

Example(举例)： jīntiān　　　míngtiān　　　qù jīchǎng
　　　　　　　今天　　　　　明天　　　　　去机场
　　　　　　　Jīntiān tā qù le jīchǎng.　　　Míngtiān tā zài qù.
　　　　　　　今天他去了机场。　　　　　明天他再去。

1. xiànzài　　míngtiān　　dǎyìn　　　　　现在　　明天　　打印

2. gāngcái　　yíhùr　　　fùyìn　　　　　刚才　　一会儿　　复印

3. xiàwǔ　wǎnshang　chuān bái chènshān　下午　晚上　穿白衬衫

4. xīngqīsì　　xià xīngqī　　zuò fēijī　　星期四　下星期　坐飞机

XI. Use "yǐhòu" to dialogue. 用 "以后" 对话。

Example(举例)： xiàkè yǐhòu　　　kàn yīshēng
　　　　　　　下课以后　　　　看医生
　　　　　　　Xiàkè yǐhòu nǐ zuò shénme?　　Wǒ qù kàn yīshēng.
　　　　　　　下课以后你做什么？　　　　我去看医生。

1. qǐchuáng yǐhòu　　　　　　　chī zǎofàn
　　起床以后　　　　　　　　　吃早饭

2. tīng dào guǎngbō yǐhòu duànliàn shēntǐ　听到广播以后　　锻炼身体

3. kànshū yǐhòu　　　　hē chá　　　　看书以后　　　　喝茶

4. shuì wǔjiào yǐhòu　　　　qù Tiān'ānmén　睡午觉以后　　　去天安门

XII. Make up dialogues with approximate numbers.　用大概数字对话。

Example(举例)： sānshí　　　sìshí　　　lǎoshī　　Zhè ge xuéxiào yǒu
　　　　　　　三十　　　　四十　　　老师　　这个学校有
　　　　　　　duōshao lǎoshī?　Yǒu sān、sìshí ge lǎoshī.
　　　　　　　多少老师？有三四十个老师。

1. qī ge　　　bā ge　　　tóngxué　　七个　　　八个　　　同学

2. yì zhāng　liǎng zhāng　zhǐtiáo　　一张　　　两张　　　纸条

3. sān wǎn   sì wǎn   ròutāng

   三碗   四碗   肉汤

4. wǔbǎi kuài   liùbǎi kuài   qián   五百块   六百块   钱

XIII. In a group of two, compare two restaurants, then report in class. 两个人对话，比较两个饭馆。

FIELD TASKS　交际任务

Two people per group go to two local restaurants together.　Please take notes and make up a dialogue of comparison.(Including the names of the restaurants, the time you went there and dishes you've ordered)　两个人去两个饭馆。在每个饭馆做记录。然后用对话比较两个饭馆。（对话要包括饭馆的名字，吃了什么，什么时候去的等等。）

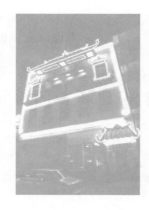

19

Unit Nineteen

第十九单元

感谢中国老师和学生 **Giving Thanks to Chinese Teachers and Students**

Gǎnxiè Zhōngguó Lǎoshī hé Xuéshēng

DIALOGUE I
对话(一)

Qù gǎnxiè[1] lǎoshī
(去感谢老师)

Nǐ: Lǎoshī, míngtiān wǒmen yào huíguó le, zhēn bù zhīdào zěnme
你: 老师，明天 我们 要 回国了，真 不 知道 怎么
        gǎnxiè nín。
        感谢 您。

Lǎoshī: Búyòng kèqi。 Yīnwèi nǐmen zài zhèr, wǒ yě gēn[2] nǐmen xué le hěn duō
老师：   不用客气。 因为你们在这儿，我也 跟 你们学了 很多
        dōngxi, bú yuànyì nǐmen zǒu。
        东西, 不愿意你们走。

Nǐ: Lǎoshī, zhè shì wǒ de diànzǐ yóujiè dìzhǐ。 Qǐng nín yídìng gěi wǒ
你: 老师,这 是 我的 电子邮件 地址。请您 一定 给我
        xiěxìn。
        写信。

Lǎoshī: Yàoshi wǒ gěi nǐ xiě Zhōngwén xìn, nǐ yào bǎ[3] Zhōngwén xué xiàqù[4]
老师：   要是 我给 你写 中文信，你要把 中文 学下去
        cáinéng kàndǒng[5]。
        才能看懂。

Nǐ: Tài hǎo le, zhèyàng[6], suīrán wǒ bú zài zhèr, dànshì hái kěyǐ tōngguò
你: 太好了，这样，虽然 我不在这儿,但是 还可以 通过
        diànnǎo gēn nín xué Zhōngwén。
        电脑 跟您学 中文。

Lǎoshī:　　Wǒ yuànyì chángqī bāngzhù nǐmen, yě xīwàng nǐmen zài lái.

老师:　　我 愿意 长期 帮助 你们，也希望 你们 再来。

Nǐ:　　Wǒ yě xīwàng nín néng dào wǒmen guójiā lái wánr.

你:　　我也 希望 您 能 到 我们 国家来玩儿。

Lǎoshī:　　Yǒu jīhuì wǒ yídìng qù.

老师:　　有机会我一定去。

New Words　生词

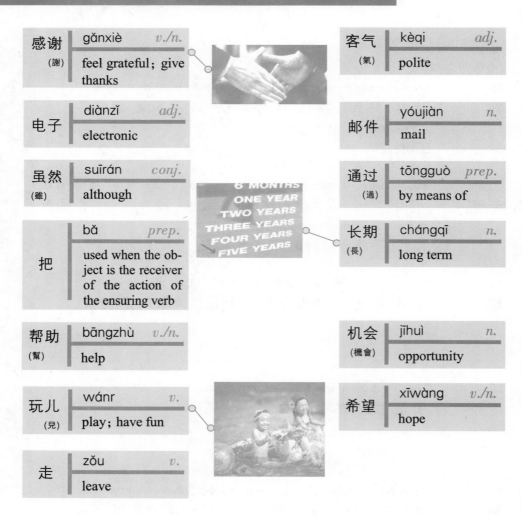

| 感谢 | gǎnxiè | *v./n.* |
| (谢) | feel grateful；give thanks | |

| 电子 | diànzǐ | *adj.* |
| | electronic | |

| 虽然 | suīrán | *conj.* |
| (雖) | although | |

| 把 | bǎ | *prep.* |
| | used when the object is the receiver of the action of the ensuring verb | |

| 帮助 | bāngzhù | *v./n.* |
| (幫) | help | |

| 玩儿 | wánr | *v.* |
| (兒) | play；have fun | |

| 走 | zǒu | *v.* |
| | leave | |

| 客气 | kèqi | *adj.* |
| (氣) | polite | |

| 邮件 | yóujiàn | *n.* |
| | mail | |

| 通过 | tōngguò | *prep.* |
| (過) | by means of | |

| 长期 | chángqī | *n.* |
| (長) | long term | |

| 机会 | jīhuì | *n.* |
| (機會) | opportunity | |

| 希望 | xīwàng | *v./n.* |
| | hope | |

6 MONTHS
ONE YEAR
TWO YEARS
THREE YEARS
FOUR YEARS
FIVE YEARS

NOTES 注释

1. "Xièxie" can only be used as a verb. "Gǎnxiè" can be both verb and noun. "谢谢" 只能作动词，而 "感谢" 即是动词又是名词。

2. "Gēn" is a preposition in this sentence. "Gēn nǐmen xué" means to learn from you. "跟" 在这个句子中是介词。

3. "Bǎ" + object + verb + complement" is an idiomatic usage in Chinese, denoting that the subject disposes or makes an impact on the object. Example: Tā bǎ piào gěi wǒ le。She has given me the ticket. "把" 的用法。"把" + 宾语 + 动词 + 动词补语是习惯用语。表示主语对宾语名词的处理或变动。如：她把票给我了。

4. "Xiàqù" following a verb means continuing to do something. For example：xiě xiàqù, zuò xiàqù, shuō xiàqù."下去" 跟在动词后面表示继续做某事的意思。如写下去，做下去，说下去。

5. "Dǒng" can be used by itself or as an adverbial of result. Examples：kàndǒng le, tīngdǒng le, xuédǒng le. "懂" 可以单用，也可以作为结果状语来用。如：看懂了，听懂了，学懂了。

6. "Zhèyàng" means "this way"."这样" 的意思。

EXERCISES 练习

I. **Given the following pictures, make up sentences with** "gēn **someone do something**". 看图用 "跟某人做某事" 造句。

Eaxmple,   wǒmen tā zǒu   Wǒmen gēn tā zǒu。
例子,   我们   他   走   我们跟他走。

II. Yòng "gěi ...zuò..." **make up dialogues.** 用给某人做某事对话。

Example(例子)：māma   zuòfàn   Nǐ gěi shéi zuòfàn?   Wǒ gěi māma zuòfàn.
妈妈   做饭   你给谁做饭？   我给妈妈做饭。

1. gēge   dǎ diànhuà   哥哥   打电话

2. wǒ de péngyou   mǎi shū   我的朋友   买书

3. lǎoshī   xiě xìn   老师   写信

4. xuésheng   shàng kè   学生   上课

III. Make up sentences with "suīrán...dànshì". 用 "虽然,但是"造句。

Example(例子)：Zhōngguórén   xǐhuān   Zhōngguó
中国人   喜欢   中国

Suīrán wǒ búshì Zhōngguó rén, dànshì wǒ xǐhuan Zhōngguó.
虽然我不是中国人，但是我喜欢中国。

1. qù jiǔbā   tīng yīnyuè   去酒吧   听音乐

2. zhè jiàn chènshān bú guì   méi mǎi   这件衬衫不贵   没买

3. bùxíguàn chī ròu   háishì chī le xiā   不习惯吃肉   还是吃了虾

4. gōngzuò hěn máng   háishì xiūxi le   工作很忙   还是休息了

IV. Practice of "bǎ" **structure.** "把" 的句型练习。

Example(例子)：ná xìn   Qǐng nǐ bǎ xìn nálai。
拿信   请你把信拿来。

1. dìng hǎo   fángjiān   订好   房间

2. mái hǎo   jīpiào   买好   机票

3. gōngzuò   zuò wán   工作   做完

4. zhǔnbèi hǎo   kè   准备好   课

DIALOGUE II
对话(二)

Qù gǎnxiè Zhōngguó tóngxué
(去感谢中国同学)

Nǐ:
你:
Wǒ míngtiān yào zǒu le[7], hěn gǎnxiè nǐ
我 明天 要 走了, 很 感谢 你
hé qítā Zhōngguó tóngxué gěi wǒmen de bāngzhù.
和其他 中国 同学 给 我们 的 帮助。

Zhōngguó xuésheng:
中国学生:
Méi shénme[8], shì wǒmen yīnggāi zuò de. Wǒ huì hěn xiǎng
没 什么, 是 我们 应该 做 的。我 会很 想
nǐmen de。
你们 的。

Nǐ:
你:
Wǒ yě huì xiǎng nǐmen de. Zhè ge yuè nǐmen tiāntiān bāng
我 也会 想 你们的。 这个 月 你们 天天 帮
wǒmen liànxí zhōngwén, hái dài wǒmen qù le hěn duō dìfang.
我们 练习 中文, 还带 我们去 了 很多 地方。

Zhōngguó xuésheng:
中国学生:
Wǒ juéde gēn nǐmen zài yìqǐ hěn yǒuyìsi, xué dàole
我 觉得跟 你们 在一起 很有意思, 学到了
hěnduō nǐmen guójiā de shìqing.
很多 你们 国家 的事情。

Nǐ:
你:
Wǒ xīwàng wǒmen chángcháng tōngxìn、dǎ diànhuà,
我希望 我们 常常 通信、打电话,
Yě xīwàng nǐ yǒu jīhuì yídìng dào wǒmen guójiā lái wár.
也希望你有机会一定到我们国家来玩儿。

Zhōngguó xuésheng:
中国学生:
Xièxie nǐ, wǒ bú huì wàng le nǐmen.
谢谢你, 我 不会 忘 了你们。
Qǐng nǐmen yídìng zàilái.
请 你们 一定再来。

Nǐ：　　　　　　　Wǒ yídìng zhǎo jīhuì huílai。

你：　　　　　　　我一定找机会　回来。

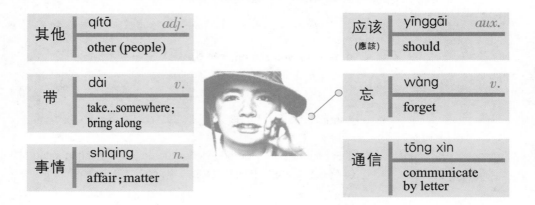

| 其他 | qítā　　　*adj.* |
| | other (people) |

| 带 | dài　　　*v.* |
| | take...somewhere ; bring along |

| 事情 | shìqing　　　*n.* |
| | affair ; matter |

| 应该 (應該) | yīnggāi　　　*aux.* |
| | should |

| 忘 | wàng　　　*v.* |
| | forget |

| 通信 | tōng xìn |
| | communicate by letter |

NOTES　注释

7. "Le" implies future intention . "了" 在这儿是表示预计的打算。

8. "Méi shénme" means "It's nothing" . "没什么" 的意思。

EXERCISES　练习

V. Please ask and answer among yourselves "Zhège zěnme shuō? Dì jǐ shēng? Shénme yìsi?"：这个怎么说？第几声？是什么意思？

bāngzhù　jīhuì　suīrán　tōngguò　tōngxìn　xīwàng　yīnggāi

chángqī　qítā　qítārén　wánr　xuéqī

gǎnxiè　zǒu

dài　diànzǐ　diànzǐyóujiàn　kèqi　shìqing　wàng

VI. Use "yīnggāi" to dialogue on the underlined part in the following: 用"应该"对话

Example(举例)： jīntiān   qù   Wǒmen yīnggāi shénme shíhou qù?

今天　　去　　我们应该什么时候去?

Wǒmen yīnggāi jīntiān qù。

我们应该今天去。

1. hé lǎoshī yìqǐ chīfàn　　和老师一起吃饭

2. xiě zhōngwén xìn　　写信

3. kàn péngyou　　看朋友

4. qù shàngbān　　去上班

VII. According to the pictures (two pictures a set), use "dài"to make up dialogues. 看图用"带"进行对话。

Example(举例)：Nǐ dài shénme qù lǎoshī jiā?　　Wǒ dài shuǐguǒ。

你带什么去老师家?　　我带水果。

+

+

+

VIII. Please tell the class who has taken you somewhere during your stay in China. 请你告诉班里你在中国的这段时间,谁带你去过什么地方。

IX. What have you learned in China? 请你说说你在中国学会了什么。

FIELD TASKS 交际任务

1. Plan on a "Thank-you" party for your teacher and Chinese students. Invite them over the phone. 和你的同学一起想一想怎么给老师和中国学生开一个感谢会;在哪儿开,什么时候开,给老师和中国学生打电话请他们来。

2. Who else should you thank: hotel /dorm/ dining hall staff, librarians? Please make a list and go to thank these people. Then tell the class how you have thanked them. 想一想你还应该感谢谁,如旅馆的服务员等,并到班里汇报你怎么感谢的。

20 Unit Twenty

第二十单元

回国 **Returning to Home Country**

Huí Guó

DIALOGUE I
对话(一)

Dǎchē Qù Jīchǎng
(打车去机场)

Shīfu:	Nǐ hǎo! Qù nǎr a?
师傅:	你好! 去哪儿啊?
Nǐ:	Nínhǎo! Qù jīchǎng.
你:	您好! 去机场。
Shīfu:	Chūfā háishi dàodá?
师傅:	出发还是到达?
Nǐ:	Chūfā, guójì chūfā.
你:	出发, 国际出发。
Shīfu:	Guójì chūfā dào le.
师傅:	国际出发到了。

New Words   生词

出发	chūfā	v./n.
(發)	depart; departure	

到达	dàodá	v./n.
(達)	arrive; arrival	

EXERCISES 练习

I. In a group of two, ask each other when your flight arrived in China and then report in class. 两个人互相问 "你的班机是几月几号到达中国的？你的班机是星期几到达中国的？" 然后向班里汇报。

DIALOGUE II
对话(二)

Zài guójì jīchǎng
(在国际机场)

Nǐ：
你： Qǐngwèn, "Guóháng" zài shénme dìfang?
请 问， "国航"在什么地方？

Jīchǎng Rényuán： Cóng zhèr wǎng zuǒ guǎi, yìzhí zǒu, zài wǎng yòu guǎi.
机场人员： 从 这儿 往 左拐， 一直走，再往 右拐。

(Zài Guóháng qiántái。在国航前台。)

Guóháng Rényuán： Nǐ hǎo! Qǐng gěi wǒ kàn yíxià nǐ de hùzhào hé jīpiào.
国航人员： 你好! 请 给 我看 一下你的 护照和机票。

Nǐ： Gěi nín. Néng bu néng gěi wǒ yí ge kào chuānghu de wèizi?
你： 给您。 能 不能 给我一个靠 窗户 的位子？

Guóháng Rényuán： Duìbuqǐ, méiyǒu kào chuānghu de wèizi le.
国航人员： 对不起,没有 靠 窗户 的 位子了。
Kào guòdào kěyǐ ma?
靠 过道 可以吗？

Nǐ： Kěyǐ.
你： 可以。

Guóháng Rényuán: Qǐng nǐ xiān guò ānjiǎn, shíyī diǎn zài èrshísì hào rùkǒu shàng

国航人员： 请 你先 过 安检，十一点 在二十四号入口 上

fēijī.   Zhù nǐ yílùpíng'ān.

飞机。 祝你一路平安。

New Words   生词

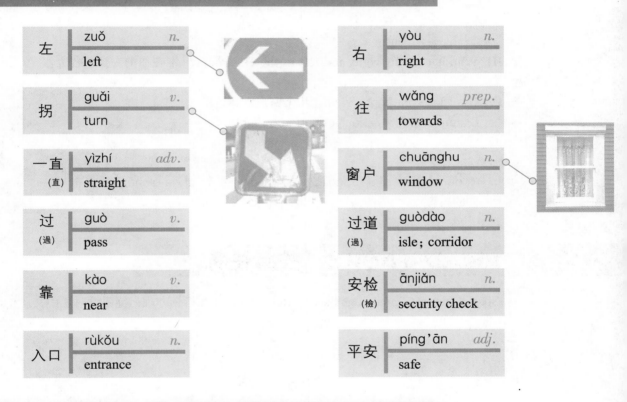

左	zuǒ	*n.*
	left	
拐	guǎi	*v.*
	turn	
一直 (直)	yìzhí	*adv.*
	straight	
过 (過)	guò	*v.*
	pass	
靠	kào	*v.*
	near	
入口	rùkǒu	*n.*
	entrance	

右	yòu	*n.*
	right	
往	wǎng	*prep.*
	towards	
窗户	chuānghu	*n.*
	window	
过道 (過)	guòdào	*n.*
	isle; corridor	
安检 (檢)	ānjiǎn	*n.*
	security check	
平安	píng'ān	*adj.*
	safe	

EXERCISES   练习

II. Please practice among yourselves "Zhège zěnme shuō? Dì jǐ shēng? hénme yìsi?" 这个怎么说？ 第几声？ 是什么意思？

ānjiǎn   chūfā   chuānghu

píng'ān

guǎi   zuǒ

dàodá   guòdào   kào   rùkǒu   wǎng   yòu   yìzhí

II. Use the following directional words to make up dialogues using "wǎng". 根据下列方向性词用"往"造句。

Example(举例):　　nán　　Lǚguǎn wǎng nǎr zǒu?　　Wǎng nán zǒu.
　　　　　　　　南　　旅馆往哪儿走?　　　　往南走。

zuǒ	yòu	dōng	xī	nán	béi

　　→　←　↓　

　左　　　　右　　　　东　　　　西　　　　南　　　　北

III. Who is on your right and left in the classroom?　谁在你的左边, 右边?

IV. Use "jǐ ge chuānghu?" 用"几个窗户?"问答。

Example(举例)：　Zhèr yǒu jǐ ge chuānghu?
　　　　　　　　这儿有几个窗户?

Nǐ de sùshé	nǐ de fángjiān	nǐ jiā	nǐ de qìchē
你的宿舍	你的房间	你家	你的汽车

FIELD TASKS　交际任务

Speak Chinese to go through the departure process. 在机场办理出港手续时说中文。

Qǐng Nǐ Zài Lái!

请你再来!

日常活动可以包括检查学生对单元的预习。 如:听写词语,声调,问学生课文的意思 等。

最好请中国学生经常到课堂来帮助留学生练习。

从第三单元起,每次学生做完课外交际任务要交任务完成日记。在班里抽学生汇报任务完成情况。一定要多鼓励学生。

演练每个单元的对话。

第二单元

一、练习"不"的两种声调。在黑板上,一行写 拼音"不好,不请,不填,不给,不点",另一行写"不是,不对,不换,不问"。 请学生念。

二、学 "有"时,老师手里拿护照 (表格 、钱),问学生"我有护照(表格、钱) 吗?

三、学 "块"时,老师可以举不同的钱叫学生说钱的面值。

四、主要词的听说。老师可以用事先准备的表格 (例子如下)给每个学生一张。 同时说,"填一下表"。学生快填完时, 可以说"请把表给我"。

English Name 英文名字		Chinese Name 中文名字	
Nationality 国籍		Phone No. 电话号码	

第三单元

一、用几张图片请学生练习"几个"。 一张图片可以是几个人、几个护照、几个菜等等。 可以举起一张图片问"几个?"

二、练习"要"。可以举着表、假钱 等等问学生"你要表 (钱) 吗"? 给说"要"的学生表或钱并说"给你表"(钱) 。

三、用事先准备的菜单问学生"你要不要菜单"? 第二个被问的学生等等 要用"也"回答,说"我也要菜单"。 然后老师把菜单给学生。

四、主要词的听说。可以让请来的中国学生当服务员。把学生分几个小组。 请服务员问学生要什么。

五、 事先复印好一个普通饭馆的菜单。 给学生一人一份菜单。让学生圈他们学过的字。 然后问学生"有几个肉菜? 几个菜有虾?几个菜有鱼? 有几个汤? 有没有没有肉的菜? 有几个"?

第四单元

此单元第一个对话的目的是教学生在课外遇到不懂情况时能给自己创造缓冲余地。

一、老师故意很快说话,一直说到学生说"我不懂,请您慢点说"。此时,老师可以说一句学生熟悉的话,问学生,"懂吗"?

二、请学生分成小组,大家都站起来。 小组的学生假装在大街上走,碰到一个中国学生,问"去某某地方坐哪路汽车"? 中国学生应回答得很快,以便小组学生用学过的生词练习如何对付不懂的情况。

第五单元

一、教室如有网络,可以用下面网上的钟让学生练习说时间。 先按顺序把钟从一点拨到十二点。 每拨一个点钟, 请学生说出几点。然后,打乱顺序,任意把针指到一个点钟,让学生说出几点。

二、老师说下面的话，话里有个别生词。

A. 昨天，老师和谢国安去了天安门。他们下午四点坐的车。先坐十三路，后坐六路。五点半到了天安门。老师给谢国安买了车票。两张票五块钱。

问学生：

1. 昨天谁去天安门了？　　2. 几点去的？　　　　3. 怎么去的？

4. 坐了哪路车？　　　　5. 换车了没有？　　　　6. 换了哪路车？

6. 几点到的天安门？　　7. 谁买的票？　　　　8. 票多少钱？

B. 今天晚上我们都去上海，坐六八二次火车。在北京东站上车。车票已经买了，四百七十块钱。

问学生：

1. 谁去上海？　　　　　　2. 今天去还是昨天去的？

3. 坐火车还是汽车？　　　4. 哪次车？

5. 在哪儿上的火车？　　　6. 买车票了吗？　　　7. 票多少钱？

第六单元

一、问学生有几个钥匙？有没有房间钥匙？哪个房间的钥匙？

二、问学生谁有信用卡？是哪个国的信用卡？

三、老师说下面的话，然后问学生。

A. 王老师上个月去了上海。在上海王老师住旅馆。他的房间是八四0号。王老师一个人住一个房间。一天二百块钱。旅馆不收钥匙押金。王老师住了两个星期。一共多少钱？

1. 上个月王老师去哪儿了？　　2. 去了几个星期？

3. 王老师住哪儿？　　　　　　4. 几个人住一个房间？

5. 房费一天多少钱？   6. 旅馆收不收钥匙押金？

7. 王老师一共给了旅馆多少钱？

B. 这个大学的学生住宿舍，六个人一间。一年一个学生付五百块钱的现金。

1. 这个大学的学生住哪儿？   2. 几个人一间？

3. 一年的房费是多少钱？   4. 学生怎么付房费？

第七单元

听老师说，回答问题。
网吧是一个很大的房间。房间里有很多电脑。在网吧用电脑要先买卡。电脑上有中文和英文的网站。
1. 什么是网吧？   2. 在网吧怎么用电脑？   3. 网站是什么文的？

第八单元

一般西方学生会认为自己衣服的大、小是私事。
一、老师可以穿学生能描述的衣服问学生"我今天穿什么衣服和鞋"？

二、举着实物叫学生做比较。 如：两本不一样大的书等等。

三、听老师说，然后回答问题。

昨天我穿了一件白上衣，一条蓝裤和一双黑鞋。 但是我不喜欢白上衣。 所以今天我不穿了。
1. 我昨天穿什么了？   2. 今天呢？   3. 为什么？

第九单元

老师说下面的话，然后问学生。
A. 三〇八次火车从北京开往广州。 车一天一次。车上有十六个车厢，两个软卧，五个硬卧和八个硬座车厢。

1. 哪次火车去广州？ 　　　　2. 一天去几次？

3. 车上一共有多少车厢？ 　　4. 有什么车厢？

B. 六月十号，星期五，我坐飞机回家。 飞机票一千八百七十块。 飞机北京时间中午十二点四十开。 过上海和广州。 我下午两点到家。

1. 我怎么回家？ 　　2. 几月几号回？ 　　3. 飞机票多少钱？

4. 几点的飞机？ 　　5. 飞机什么时候到家？

第十单元

一、带不同国家的音乐到课堂来。放一会儿带的音乐， 问学生，"这是什么音乐？ 是哪儿的音乐"？

二、听老师说，然后回答问题。
　　我家有很多饮料，但是饮料都没有酒。 我早上喝一大杯果汁，上午十点喝一瓶矿泉水，中午吃饭，喝一杯绿茶，下午四点喝一杯红茶，晚上吃饭 喝一瓶雪碧。

1. 老师家有什么饮料？ 　　2. 老师早上喝什么？ 喝多少？

3. 老师什么时候喝水？ 喝什么水？ 4. 老师中午喝什么？

5. 下午呢？ 　　　　　　　6. 晚上呢？

第十一单元

一、带一些明信片、信封和邮票到课堂来。 问学生这是几张明信片？ 几个信封？这张邮票多少钱等。

二、先听老师说，然后回答问题。
　　A. 我家有四口人：妹妹，哥哥,姐姐和我。 我妹妹在北京上小学， 哥哥在上海上大学， 姐姐在英国,是医生。 我很想他们。常常给他们写信。我们也在网上写信。

1. 我家有多少人？ 　　2. 有谁？ 　　3. 谁上学？

4. 在哪儿上学？ 　　5. 谁不是学生？

6. 谁是医生？　是哪个国家的医生？ 　　7. 我给谁写信？

　　B. 我们大学有一个小邮局。可以寄平信、航空信、明信片。也可以寄钱，寄票等等。从这儿寄到外省要四五天时间。寄到外国要十多天。邮局有两个师傅。

1. 这个大学有没有邮局？ 　　2. 邮局大吗？

3. 邮局可以寄什么？ 　　4. 寄一封信到外省要几天？

5. 到外国呢？ 　　6. 邮局有几个师傅？

第十二单元

先听老师说，然后回答问题。

　　A. 昨天晚上我十一点来到一个旅馆。我问服务员 "有没有床位"？ 服务员说 "有，只有一个单人间的床位"。我问 "多少钱"？服务员说 "三百块"。我说 "那我只有二百块钱"。服务员说，"对不起，双人间是二百块一个床位"。

1. 我什么时候到的旅馆？ 　　2. 旅馆只有什么房间？

3. 房间多少钱？ 　　4. 我有多少钱？

5. 双人间一共多少钱？ 　　6. 我住没住旅馆？

　　B. 小李今年上大学。她很喜欢电脑。所以，她妈妈给她买了一个电脑，放在她的卧室。小李每天上四个小时的网。小李也有网站。她请你们上网去看她的网站。

1. 小李今年上什么？ 　　2. 小李的妈妈买了什么？

3. 小李的卧室有什么？ 　　4. 小李每天上几个小时的网？

5. 小李有没有网站？ 　　6. 小李请你看什么？

第十三单元

一、说下面的话并问学生问题。

A. 谢美安是中国学生。 她在上海的一个学校上学， 学英文专业。 谢美安从台湾来，她家在台北。

1. 谢美安是哪儿来的学生？　　2. 她在哪儿上学？

3. 他的专业是什么？　　　　　4. 她家在哪儿？

B. 西边没有学校，南边有。北边有一个火车站，叫北京车站。 东边没有饭馆。 饭馆在西南边。

1. 西边有没有学校？　　　　　2. 火车站在哪儿？

3. 火车站叫什么？　　　　　　4. 饭馆在东边还是西边？

二、下课时请老师、学生互相说"再见"。

第十四单元

一、听老师说，然后回答问题。

这个学校有八个学生宿舍楼， 十二个上课的楼， 五个老师住的楼。学校还有两个旅馆。一个有三百个房间，一个有一百五十个房间。

1. 这个学校有什么楼？　2. 老师住几个楼？　　3. 学生呢？

4. 有几个上课的楼？　5. 学校有几个旅馆？　6. 哪个旅馆小？

二、老师在班里表演给一、两个学生打电话，请其他学生说电话的内容。

三、给每个学生一份下面的表，用来完成课外任务。

To be Filled Out by the Chinese You Met
Through Phone Appointment
你约的中国学生填

电话约定的地点和时间 Time and place for appointment	约人是否按时在约定的地点等候 whether the person showed up on time and at the right place	Your Chinese Name 你的名字 (谢谢)

第十五单元

一、请学生带几张门票到课堂来,说是什么地方的门票和开、关门时间。

二、问学生几点上课? 几点下课? 几点吃午饭? 几点去网吧等。

三、先听老师说,再回答问题。

张先生在北京第一汽车公司工作。 他每天早上七点从家里去上班。在路上走一个小时。第一汽车公司很大,也叫"一汽"。公司的办公楼有十层,一千多个工作人员,五十多个经理。 公司的办公室有电话和电脑。

1. 张先生在哪儿工作?　　　　2. 张先生每天几点去上班?

3. 为什么?　　　　　　　　　4. 第一汽车公司还叫什么?

5. 公司大不大? 你怎么知道?　6. 公司的办公室有什么?

7. 为什么有这些东西?

第十七单元

一、显示几个网上的校园，问学生校园里有什么？

二、把学生带到书店，请每个人数一层书架上的书。说有多少书。

三、主要词的听说练习。

北京大学的校园很大。有十个教学楼，五个餐厅，二十个宿舍楼，还有一个停车场，一个公园。宿舍四人一间。每个房间里有一个电脑。可以在宿舍里上网。除此以外，校园里还有六个网吧。

1. 北京大学的校园有什么？

2. 有没有停车场？为什么有停车场？

3. 学生在哪儿上网？你怎么知道？

4. 几个学生用一个电脑？

第十八课

一、请每个学生说自己习惯做的事。

二、主要词的听说。

A. 学校有一家蒙古饭馆儿。饭馆儿中午十二点开门，开到下午两点。然后，五点又开门，开到晚上九点。饭馆儿的饭多半儿是热的。服务员服务得很好。

1. 我说的是什么饭馆儿？　　2. 饭馆儿的开门时间是什么？

3. 饭馆儿有什么样的菜？　　4. 服务员服务得怎么样？

B. 在饭馆儿吃饭和在家吃饭不一样。在家吃饭不用订，想吃什么就吃什么。但是要自己做饭。在饭馆儿吃饭不用自己做，但是要等。

1. 我比较了两个什么地方？　　2. 两个地方的饭有什么不同？

第十九单元

主要词的听说练习。

虽然我在中国只住了一个月，但是我已经很喜欢这个国家了。有许多地方很好看，也好玩儿。人也很好。要是我有问题，大家都来帮助我。有时候我都忘了我是外国人。当然，中国也有我不喜欢的事情。我也很想我的国家和我家里的人。

1. 我在中国多长时间了？

2. 我觉得中国怎么样？为什么？

3. 中国是什么都好吗？

4. 我很想什么？

Pinyin	Character	English	Parts of Speech	Unit No.
		A		
a	啊	used at the end of a sentence to express double	*p.*	5
āi	哎	call attention	*interj.*	14
ānjiǎn	安检(檢)	security check	*n.*	20
ànmó	按摩	massage	*v./n.*	12
Àodàlìyà	澳大利亚(亞)	Australia	*n.*	16
		B		
ba	吧	particle (suggestions)	*p.*	5
bǎ	把	used when the object is the receiver of the action of the ensuring verb	*prep.*	19
bā	八	eight	*num.*	1
bàba	爸爸	dad	*n.*	11
bái	白	white	*adj.*	8
bǎi	百	hundred	*num.*	2
bàn	半	half	*n.*	5
bān	班	class	*n.*	13
bān (bānr)	班儿	routine work	*n.*	15
bāng/ bāngzhù	帮(幫)/帮(幫)助	help	*v. transitive/v.n.*	19
bàngōngshì	办(辦)公室	office	*n.*	15
bānjī	班机(機)	flight	*n.*	16
bǎo'ān	保安	security	*n.*	15
bāoxiāng	包厢	train compartment	*n.*	9
bàozhǐ	报纸(報)	newspaper	*n.*	4
běi	北	north	*n.*	5
bēi	杯	cup ; glass	*n./m.*	10
běijīng	北京	Beijing	*n.*	5
biǎo	表	form	*n.*	2
bié	别	other	*adj.*	9

bǐjiào	比较 (較)	compare	v.	17
bǐjiào	比较 (較)	somewhat	adv.	9
bīng	冰	ice	n.	18
bǐnggān	饼(餅)干(乾)	biscuit	n.	18
bīngkuàr	冰块(塊)儿(兒)	ice cube	n.	18
bù	不	not	adv.	2

C

cái	才	then and only then	adv.	16
cài	菜	vegetables	n.	3
càidān	菜单(單)	restaurant menu	n.	3
cānguān	参观(參觀)	formal visit	v./n.	15
cāntīng	餐厅(廳)	cafeteria	n.	13
céng	层	m. for floor	m.	15
cèsuǒ	厕(廁)所	restroom	n.	12
chá	茶	tea	n.	10
cháng	常	often	adv.	11
Chángchéng	长(長)城	Great Wall	n.	5
chángkù	长裤(長褲)	long pants	n.	8
chángqī	长(長)期	long term	adv.	19
chángxiù	长袖	long sleeve	adj.	8
chènshān	衬(襯)衫	shirt	n.	8
chēxiāng	车厢(車)	train cars	n.	9
chī	吃	eat	v.	3
chuān	穿	wear	v.	8
chuáng/ chuángwèi	床/床位	bed	n.	9/12
chuānghu	窗户	window	n.	20
chūfā	出发(發)	depart；departure	v./n.	20
chúle...yǐwài	除了……以外	except；except for	prep.	17
chūzū	出租	rent；taxi	v. / n.	5
cì	次	measure word	m.	5
cóng	从(從)	from	prep.	13

D

dà	大	big	adj.	8
dǎ	打	make	v.	7
dǎchē	打车 (車)	take a taxi	v.	5
dǎyìn	打印	print	v.	17
dài	带	bring along	v.	19
dàmén	大门(門)	gate	n.	17
dān	单(單)	single；sole	adj.	9

dāng	当(當)	serve or act as; work as	v.	15
dāngrán	当(當)然	of course	adv.	10
dānrénjiān	单人间(間)	single room	n.	9
dànshì	但是	but/however	conj.	8
dào	到	arrive	v.	4
dàodá	到达(達)	arrive (formal); arrival	v./n.	20
dǎoyóu	导游 (導遊)	tour guide	n.	9
de	得	particle	p.	13
de	的	particle	p.	3
děng	等	and so on	p.	7
dì	第	ordinal number prefix	num.	4
diǎn	点(點)	count; order	v.	2
diǎn	点(點)	o'clock	n.	5
diànhuà	电(電)话	telephone	n.	7
diànnǎo	电脑(電腦)	computer	n.	7
diànzǐ	电(電)子	electronic	adj.	19
dìdi	弟弟	younger brother	n.	11
dìfāng	地方	place	n.	13
dìng	订(訂)	reserve	v.	9
dìqū	地区(區)	area	n.	7
dìtiě	地铁(鐵)	subway	n.	5
dìtú	地图(圖)	map	n.	10
dìzhǐ	地址	address	n.	12
dǒng	懂	understand	v.	4
dōng	东(東)	east	n.	5
dōngxi	东(東)西	things	n.	17
dōu	都	both; all	adv.	6
duǎn	短	short	adj./sv.	8
duànliàn	锻炼(煉)	physical exercise	v.	17
duì	对(對)	correct	adj.	2
duìbuqǐ	对(對)不起	sorry		4
duōbàr	多半(儿)	mostly	adv.	18
duōshao	多少	how much; many	qp.	2

E

èr/ liǎng (with m.)	二/两	two	num.	1/2

F

fàn	饭(飯)	meal; cooked rice	n.	3
fàng	放	put	v.	11
fángfèi	房费(費)	house rent	n.	6
fángjiān	房间(間)	room	n.	6

fànguǎn/ cāntīng	饭馆(館) /餐厅(廳)	restaurant	n.	6/13
fāpiào	发(發)票	receipt	n.	5
fēijī	飞机(飛機)	airplane	n.	9
fěn	粉	pink	adj.	8
fēn	分	a monetary unit in China	n.	4
fēng	封	m. for letters	m.	11
fēnzhōng	分钟(鐘)	minute	n.	7
fù	付	pay for	v.	6
fúwù	服务	service	v./n.	12
fúwùyuán	服务员(員)	attendant	n.	6
fùyìn	复(複)印	photocopy	v.	17

G

gǎnxiè	感谢	thank	v.	19
gāng	刚(剛)	just	adv.	11
gàosu	告诉(訴)	tell someone sth.	v.	4
ge	个(個)	measure word	m.	3
gēge	哥哥	elder brother	n.	11
gěi	给(給)	give	v.	2
gēn/ hé	跟/和	and	prep.	5/10
gōnggòng	公共	public	adj.	4
gōngsī	公司	company	n.	15
gōngyuán (yuánr)	公园(園)(儿)	park	n.	15
gōngzuò/bān(bānr)	工作/班(儿)	work；routine work	v./n.	15
gòu	够	enough	adj.	17
guǎi	拐	turn	v.	20
guān	关(關)	close	v.	15
guǎngbō	广(廣)播	broadcast	n.	17
guì	贵(貴)	esteemed	adj.	13
guo	过(過)	expressing past experience	p.	13
guò	过(過)	pass	v.	20
guó, guójiā	国(國), 国(國)家	country	n.	3/ 7
guójì	国际(國際)	international	adj.	7
guǒzhī	果汁	fruit juice	n.	10
guòdào	过道	isle	n.	20

H

háishi	还(還)是	or	conj.	5
hǎiwài	海外	overseas	adj.	18
háiyǒu	还(還)有	moreover	adv.	16
hángkōng	航空	aeronautical/fly	adj./v.	16

hángkōng	航空	aviation	*n.*	11
hángkōng gōngsī	航空公司	airlines	*n.*	16
hào	号(號)	number	*n.*	6
hào	號	size	*n.*	8
hǎo	好	good;well	*adj./adv.*	2
hǎohāor	好好儿	all out	*adv.*	9
hàomǎ	号码(碼)	number	*n.*	7
hē	喝	drink	*v.*	3
hé	和	and	*conj.*	11
héshì	合适(適)	suitable	*adj.*	8
hēi	黑	black	*adj.*	8
hěn	很	very	*adv.*	9
hóng	红	red	*adj.*	10
hóngchá	红茶	black tea	*n.*	10
hōnggān	烘干 (乾)	dry beside/over a fire	*v.*	8
huà	话(話)	speech	*n.*	12
huā	花	multi-colored/flower; flowery	*adj./n.*	8
huā	花	spend	*v.*	17
huàn	换	exchange;switch	*v.*	2
huì	会(會)	will	*aux.*	8
huí/huílái	回/回来	return	*v./v. intransitive*	19/9
huílai	回来	come back	*v.*	9
húntún	馄饨(餛飩)	wonton	*n.*	18
huǒchē	火车(車)	train	*n.*	5
hùzhào	护(護)照	passport	*n.*	2

J

jì	寄	mail	*v.*	11
jǐ	几(幾)	how many	*num.*	3
jī	机 (機)	machine	*n.*	2
jiā	家	home;family	*n.*	11
jiàn	件	measure word for clothes	*m.*	8
jiàn	见(見)	meet	*v.*	13
Jiānádà	加拿大	Canada	*n.*	15
jiào	叫	call	*v.*	6
jiào	觉(覺)	sleep	*n.*	18
jīchǎng	机场(機場)	airport	*n.*	16
jié	节(節)	m. for class	*m.*	14
jiějie	姐姐	elder sister	*n.*	11
jīhuì	机会(機會)	opportunity	*n.*	19
jìn	进(進)	enter	*v.*	12
jīnglǐ	经(經)理	manager	*n.*	15

jīntiān	今天	today	*adv.*	5
jīpiào	机(機) 票	plane ticket	*n.*	16
jiù	就	implying certainty; at once	*adv.*	6/10
jiǔ	酒	liquor	*n.*	10
jiǔ	久	for long time	*adj.*	9
jiǔ	九	nine	*num.*	1
jiǔbā	酒吧	bar	*n.*	10
juéde	觉(覺)得	feel	*v.*	17
juéshìyuè	爵士乐(樂)	Jazz	*n.*	10

K

kǎ	卡	card	*n.*	2
kāfēi	咖啡	coffee	*ono.*	10
kāi	开(開)	open	*v.*	15
kāishǐ	开(開)始	begin	*v./n.*	10
kǎlā'ōukèi	卡拉O.K.	karaoke	*n.*	10
kàn	看	look at, read	*v.*	6
kào	靠	near	*v.*	20
kè	课(課)	course; class	*n.*	14
kělè	可乐(樂)	Coke	*n.*	10
kèqi	客气	polite	*adj.*	19
kéyǐ	可以	can; may	*aux.*	2
kǒu	口	entrance	*n.*	14
kuài	块 (塊)	a monetary unit of RMB (Rénmínbì)	*m.*	2
kuàilè/yùkuài	快乐 (樂)/愉快	happy	*adj.*	12
kuǎn	款	money	*n.*	2
kuàngquánshuǐ	矿(礦)泉水	bottled water	*n.*	10
kùzi	裤(褲)子	pants	*n.*	8

L

la	啦	indicating excitement/doubt	*p.*	12
lái	来	come	*v.*	9
láihuí	来回	round trip	*adj.*	9
lán	蓝(藍)	blue	*adj.*	8
lǎoshī	老师(師)	teacher	*n.*	4
le	了	particle	*p.*	4
lěng	冷	cold	*adj.*	12
lǐ / lǐbian	里 (裏)/里边 (裏邊)	inside	*adj./n.*	10
liáng	凉	cold	*adj.*	18
liǎng	两	two	*num.*	2
liàng	辆(輛)	m. for vehicles	*m.*	12

liànxí	练习(練習)	practice	v./n.	9
liáotiān(r)	聊天(儿)	chat	v.	15
líng	零	zero	num.	1
lìngwài	另外	in addition	adv.	18
liù	六	six	num.	1
liúxué	留学	study abroad	v.	13
lóu	楼(樓)	building	n.	14
lù	路	m. for bus	m.	4
lǜ	绿	green	adj.	10
lǚguǎn	旅馆 (館)	hotel	n.	6
lǚxíng	旅行	travel	v.	9
lǚxíngshè	旅行社	travel agency	n.	9

M

ma	吗(嗎)	question particle	qp.	2
mài	卖(賣)	sell	v.	7
mǎi	买(買)	buy	v.	4
māma	妈妈(媽媽)	mom	n.	11
màn	慢	slow;slowly	adj./adv.	3
màndiǎnr	慢点儿(點兒)	slow down	adv.	3
máng	忙	busy	adj.	14
máo	毛	a monetary unit in China	m.	4
méi	没	not	adv.	3
měi	美	beautiful	adj.	13
měi	每	every	adj.	13
méiguānxi	没关系(關係)	never mind		4
Měiguó	美国(國)	U.S.A.	n.	13
mèimei	妹妹	younger sister	n.	11
mén	门(門)	door	n.	14
men	们(們)	plural for people	p.	3
ménkǒu	门(門)口	entrance	n.	14
miàn	面	noodle;flour	n.	3
mìmǎ	密码(碼)	secret code	n.	7
míngtiān	明天	tomorrow	n.	10
míngxìnpiàn	明信片	postcard	n.	11
míngzi	名字	name	n.	6

N

ná	拿	take	v.	9
nà/nèi	那	then	adv.	9
nǎ/něi	哪	which	qp.	4
nàme	那么	that	adv.	15

nán	男	male	*adj.*	13
nán	南	south	*n.*	5
nàr	那儿(兒)	there	*dp.*	8
nǎr	哪儿(兒)	where	*qp.*	4
ne	呢	question particle	*qp.*	3
néng	能	be able to	*aux.*	16
nǐ	你	you	*pr.*	2
nián	年	year	*n.*	6
nín	您	you	*pr.*	2
nǚ	女	female	*n.*	13

P

péngyou	朋友	friend	*n.*	10
piào	票	ticket	*n.*	4
píjiǔ	啤酒	beer	*n.*	10
pīn	拼	spell	*v.*	16
píng	瓶	bottle	*n./m.*	10
píng	平	flat	*adj.*	11
píng'ān	平安	safe	*adj.*	20
píngxìn	平信	regular letter	*n.*	11

Q

qǐ	起	rise ; get up	*v.*	16
qī	七	seven	*num.*	1
qián	前	before/in front of	*adj.*	12
qián	钱(錢)	money	*n.*	2
qiān	千	thousand	*num.*	2
qiántái	前	front	*n.*	12
qiānyǔbǐng	签语饼(簽語餅)	fortune cookie	*n.*	18
qìchē	汽车(車)	automobile	*n.*	4
qǐfēi	起飞 (飛)	take off (plane)	*v.*	16
qǐng	请(請)	please ; invite	*v.*	2
qǐchuáng	起床(牀)	get up (from bed)	*v.*	17
qítā	其他	other (people)	*adj.*	19
qù	去	go	*v.*	4
quèrèn	确认(確認)	confirm	*v.*	16
qǔkuǎn	取款	withdraw money from bank	*v.*	2
qǔkuǎn jī	取款机 (機)	ATM	*n.*	2
qúnzi	裙子	skirt	*n.*	8

R

rè	热(熱)	hot (temperature)	*adj.*	12

rén	人	person	*n.*	3
rényuán	人员(員)	personnel	*n.*	15
rì	日	day	*n.*	6
ròu	肉	meat	*n.*	3
ruǎn	软(軟)	soft	*adj.*	9
rùkǒu	入口	entrance	*n.*	20

S

sān	三	three	*num.*	1
shàng	上	get on	*v.*	4
shàngbān	上班	go to work	*v.*	15
shāngdiàn	商店	store	*n.*	8
shànghǎi	上海	Shanghai	*n.*	9
shàngwǎng	上网	have access to Internet	*v.*	12
shàngwǔ	上午	morning	*n.*	5
shàngxué	上学(學)	go to school	*v.*	11
shéi	谁(誰)	who ; whom	*pr./qp.*	5
shēng	声	tone in Chinese phonetics	*n.*	4
shēngrì	生日	birthday	*n.*	12
shénme	什么(麼)	what	*qp.*	3
shēntǐ	身体(體)	health	*n.*	17
shí	十	ten	*num.*	1
shì	是	be	*v.*	1
shīfu	师(師)傅	blue collar worker	*n.*	7
shíhou	时候	(duration of /point in)time	*n.*	9
shíjiān	时间 (時間)	time	*n.*	17
shìqing	事情	affair ; matter	*n.*	14
shì	试(試)	try	*v.*	8
shōu	收	accept	*v.*	6
shòuhuòyuán	售货员(貨員)	shop assistant	*n.*	7
shǒujī	手机(機)	cell-phone	*n.*	14
shū	书(書)	book	*n.*	17
shuāng	双(雙)	m. for shoes	*adj.*	8
shuāngrénjiān	双(雙)人间(間)	double occupancy	*n.*	9
shūdiàn	书(書)店	bookstore	*n.*	17
shuì	睡	sleep	*v.*	18
shuǐ	水	water	*n.*	10
shuǐguǒ	水果	fruit	*n.*	10
shuō	说(說)	speak ; talk	*v.*	4
shuōhuà	说话(說話)	speak	*v.*	12
sì	四	four	*num.*	1
sù	素	vegetarian	*adj.*	16
suīrán	虽(雖)然	although	*conj.*	19

sùshè	宿舍	dormitory	n.	6

T

tā	他/她	he/she	pr.	5
tái	台(臺)	counter	n.	12
tài	太	extremely	adv.	8
tāng	汤(湯)	soup	n.	3
tiáo	条(條)	measure word	m.	8
tián	填(填)	fill in	v.	2
tiān / rì	天/日	day	n.	6
tiān'ānmén	天安门(門)	Tiān'anmen square	n.	4
tīng	听(聽)	listen	v.	10
tíngchēchǎng	停车场(車場)	parking lot	n.	17
tīngshuō	听说(聽說)	have heard	v.	18
tóng/ yíyàng	同/一样 (樣)	same	adj.	17
tōngguò	通过(過)	by means of	prep.	19
tōng xìn	通信	communicate by letter		19
tóngxué	同学(學)	classmate	n.	11

W

wài	外	foreign	adj.	3
wàibian	外边(邊)	outside	n.	13
wán	完	end	v.	10
wánr	玩儿(兒)	play;have fun	v.	19
wǎn	碗	bowl	n./m.	3
wǎnfàn	晚饭(飯)	dinner	n.	13
Wáng	王	Wang (surname)	n.	14
wàng	忘	forget	v.	19
wàidì	外地	parts of the country other than where one is	n.	12
wǎng	往	towards	prep.	20
wǎngbā	网吧	computer bar	n.	7
wǎnshang	晚上	evening	n.	5
wèi	喂	hello	inter.	14
wèi (polite term)	位	m. for people	m.	14
wéiqiáng	围墙(圍牆)	encircling wall	n.	17
wèishénme	为(為)什么(麼)	why	qp.	15
wèizi	位子	seat	n.	16
wén	文	language	n.	3
wèn	问(問)	ask	v.	2
wèntí	问题(問題)	problem	n.	8

wò	卧(臥)	bed on a train	n.	9
wǒ	我	I；me	pr.	1
wǔ	五	five	num.	1
wǔjiào	午觉(覺)	nap	n.	18

X

xī	西	west	n.	5
xíguàn	习惯(習慣)	be accustomed to	v.	18
xǐhuan	喜欢(歡)	like	v.	8
xǐ	洗	wash	v.	8
xià	下	get off	v.	4
xiā	虾(蝦)	shrimp	n.	3
xiàbān	下班	get off work	v.	14
xiàwǔ	下午	afternoon	v.	5
xiān	先	first	adv.	7
xiànzài	现(現)在	now	adv.	14
xiàng	像	look like	v.	18
xiǎng	想	miss	v.	11
xiǎng	想	want	aux.	6
xiànjīn	现(現)金	cash	n.	6
xiānsheng	先生	mister	n.	15
xiǎo	小	small；young	adj.	8
xiǎofèi	小费(費)	tip	n.	18
xiǎojie	小姐	Miss	n.	15
xiǎoshí	小时	hour	n.	7
xiàoyuán	校园(園)	campus	n.	17
xiàwǔ	下午	afternoon	n.	5
xié	鞋	shoe	n.	8
xiě	写(寫)	write	v.	11
xièxie/gǎnxiè	谢谢(謝謝)/ 感谢(謝)	thank you/thanks	v./n.	2/19
xìn	信	letter	n.	11
xìnfēng	信封	envelope	n.	11
xíng	行	alright	v.	15
xìng	姓	surname name	v./n.	13
xīngqī	星期	week	n.	6
xīnkǔ	辛苦	hard	adj.	15
xìnyòngkǎ	信用卡	credit card	n.	6
xiù	袖	sleeve	n.	8
xiūxi	休息	rest	v./n.	18
xīwàng	希望	hope	v./n.	19
xǔduō	许(許)多	many	adj.	17

xué/xuéxí	学(學)/ 学习 (學習)	study	*v./v. intransitive*	9/17
xuěbì	雪碧	Sprite	*n.*	10
xuésheng	学(學)生	student	*n.*	9
xuéxiào	学(學)校	school	*n.*	13

Y

ya	呀	expressing surprise/sudden realization or softening the tone.	*p.*	12
yājīn	押金	deposit	*n.*	6
yàngzi	样 (樣)子	appearance	*n.*	18
yánjiū	研究	study in depth	*n./v.*	13
yánsè	颜(顏)色	color	*n.*	8
yào	要	want；need to	*v.*	3
yáogǔnyuè	摇滚乐(樂)	rock & roll	*n.*	10
yàoshi	要是	if	*conj.*	17
yàoshi	钥(鑰)匙	key	*n.*	6
Yàzhōu	亚(亞)洲	Asia	*n.*	13
yè	夜	night	*n.*	9
yě	也	also	*adv.*	2
yī	一	one	*num.*	1
yídìng	一定	certainly	*adv.*	18
yīfu	衣服	clothing	*n.*	8
yígòng	一共	add up to	*adv.*	6
yígòng	一共	altogether	*adv.*	6
yǐhòu	以后(後)	after	*adv.*	18
yíhuìr	一会儿(兒)	a moment	*n.*	14
yǐjīng	已经(經)	already	*adv.*	11
yílù	一路	all the way	*n.*	20
yìng	硬	hard	*adj.*	9
yīnggāi	应该 (應該)	should	*aux.*	19
Yīngwén	英文	English	*n.*	3
yǐnliào	饮料(飲料)	beverage	*n.*	10
yīnwèi	因为(為)	because	*conj.*	15
yīnyuè	音乐(樂)	music	*n.*	10
yìqǐ	一起	together	*adv.*	13
yīshēng	医(醫)生	doctor	*n.*	11
yìsi	意思	meaning	*n.*	4
yìzhí	一直(直)	straight	*adv.*	20
yòng	用	use	*v.*	2
yònggōng	用功	hardworking	*adj.*	17
yòu	又	again	*adv.*	18

yòu	右	right	n./adj.	20
yǒu	有	have	v.	2
yóujú	邮(郵)局	post office	n.	11
yóupiào	邮(郵)票	stamp	n.	11
yǒushíhou	有时(時)候	sometimes	adv.	17
yóujiàn	邮件	mail	n.	19
yóuxiāng	邮(郵)箱	post box	n.	11
yǒuyìsi	有意思	interesting	adj.	18
yú	鱼(魚)	fish	n.	3
yùshì	浴室	bathroom	n.	12
yuànyì	愿(願)意	be willing	v./aux.	17
yuè	月	month	n.	6
yuèduì	乐队(樂隊)	music band	n.	10
yúkuài	愉快	pleasant	adj.	12

Z

zài	在	at;in;on	prep.	4
zài	再	and then	adv.	7
zàijiàn	再见(見)	good bye		13
zǎo	早	early	adj./adv.	13
zǎofàn	早饭(飯)	breakfast	n.	13
zǎoshang	早上	early morning	n.	17
zěnme	怎么(麼)	how	qp.	4
zěnmeyàng	怎么样(樣)	how	qp.	13
zhàn	站	station	n.	4
zhāng	张(張)	m. for flat things	m.	4
zhàngdān	账单(賬單)	bill	n.	3
zhàntái	站台(臺)	station platform	n.	5
zhǎo	找	give change to	v.	5
zhǎo	找	look for	v.	14
zhe	着(著)	indicating continning progress/state	p.	11
zhè/zhèi	这(這)	this	dp.	3
zhēn	真	real/really	adj./adv.	12
zhèr	这儿(這兒)	here	dp.	3
zhǐ	只	only	adv.	8
zhīdào	知道	know	v.	7
zhǐtiáo	纸条(條)	note	n.	18
zhōng	中	middle	n.	3
zhōngfàn	中饭(飯)	lunch	n.	13
Zhōngguó	中国(國)	China	n.	3
zhōngjiān	中间(間)	in the middle	n.	18
Zhōngwén	中文	Chinese language	n.	3

zhōngxīn	中心	center	n.	17
zhù	住	dwell	v.	6
zhù	祝	wish	v.	12
zhuānyè	专业(專業)	major	n.	13
zhǔnbèi	准备(準備)	prepare	v.	4
zìjǐ	自己	oneself	pr.	11
zǒu	走	leave	v.	19
zuò	做	do	v.	15
zuò	坐	sit	v.	3
zuǒ	左	left	n./adj.	20
zuótian	昨天	yesterday	n./adv.	5

附录 3
Appendix 3

English	Pinyin	Character	Parts of Speech	Unit No.
		A		
a moment	yíhuìr	一会儿(會兒)	n.	14
be able to	néng	能	aux.	16
accept	shōu	收	v.	6
add up to	yígòng	一共	adv.	6
address	dìzhǐ	地址	n.	12
aeronautical	hángkōng	航空	v./n.	16
affair;matter	shìqing	事情	n.	19
after	yǐhòu	以后(後)	adv.	18
afternoon	xiàwǔ	下午	n.	5
again	yòu	又	adv.	18
airline	hángkōng gōngsī	航空公司	n.	6
airplane	fēijī	飞机(飛機)	n.	9
airport	jīchǎng	机场(機場)	n.	16
all out	hǎohāor	好好儿	adv.	9
all the way	yílù	一路	n.	20
already	yǐjīng	已经(經)	adv.	11
alright	xíng	行	v.	15
also	yě	也	adv.	2
although	suīrán	虽(雖)然	conj.	19
altogether	yígòng	一共	adv.	6
a monetary unit in China	fēn	分	m.	4
a monetary unit in China	máo	毛	m.	4
a monetary unit of RMB(Rénmíbì)	kuài	块 (塊)	m.	2
and	gēn/ hé	跟 / 和	prep.	5/10
and so on	děng	等	p	7
and then	zài	再	adv.	7
appearance	yàngzi	样 (樣)子	n.	18
area	dìqū	地区(區)	n.	7

arrive	dào	到	v.	4
arrive (formal)/arrival	dàodá	到达(達)	v./n.	20
Asia	Yàzhōu	亚(亞)洲	n.	13
ask	wèn	问(問)	v.	2
at/in/on	zài	在	prep.	4
attendant	fúwùyuán	服务员(員)	n.	6
ATM	qǔkuǎn jī	取款机（機）	n.	2
Australia	Àodàlìyà	澳大利亚(亞)	n.	16
automobile	qìchē	汽车(車)	n.	4

B

bar	jiǔbā	酒吧	n.	10
bathroom	yùshì	浴室	n.	12
be	shì	是	v.	1
be accustomed to	xíguàn	习惯(習慣)	v.	18
beautiful	měi	美	adj.	13
because	yīnwèi	因为(為)	conj.	15
bed	chuáng/ chuángwèi	床 / 床位	n.	9/12
bed on a train	wò	卧(臥)	n.	9
beer	píjiǔ	啤酒	n.	10
before/in front of	qián	前	adj.	12
begin	kāishǐ	开(開)始	v./n.	10
Beijing	Běijīng	北京	n.	5
beverage	yǐnliào	饮料(飲料)	n.	10
big	dà	大	adj.	8
bill	zhàngdān	账单(賬單)	n.	3
birthday	shēngrì	生日	n.	12
biscuit	bǐnggān	饼(餅)干（乾）	n.	18
black	hēi	黑	adj.	8
black tea	hóngchá	红茶	n.	10
blue	lán	蓝(藍)	adj.	8
blue collar worker	shīfu	师(師)傅	n.	7
book	shū	书(書)	n.	17
bookstore	shūdiàn	书(書)店	n.	17
both/all	dōu	都	adv.	6
bottle	píng	瓶	n./m.	10
bottled water	kuàngquánshuǐ	矿(礦)泉水	n.	10
bowl	wǎn	碗	n./m.	3
breakfast	zǎofàn	早饭(飯)	n.	13
bring along	dài	带	v.	19
broadcast	guǎngbō	广(廣)播	n.	17
building	lóu	楼(樓)	n.	14
busy	máng	忙	adj.	14

but/however	dànshì	但是	conj.	8
buy	mǎi	买(買)	v.	4
by air	hángkōng	航空	n.	11
by means of	tōngguò	通过(過)	prep.	19

C

cafeteria	cāntīng	餐厅(廳)	n.	13
call	jiào	叫	v.	6
call attention	āi	哎	inter.	14
call a taxi	dǎchē	打车(車)	v.	5
campus	xiàoyuán	校园(園)	n.	17
can/may	kěyǐ	可以	aux.	2
Canada	Jiānádà	加拿大	n.	15
card	kǎ	卡	n.	2
cardinal number	dì	第	p.	4
cash	xiànjīn	现(現)金	n.	6
cell-phone	shǒujī	手机(機)	n.	14
center	zhōngxīn	中心	n.	17
certainly	yídìng	一定	adv.	18
chat	liáotiān(r)	聊天(儿)	v.	15
China	Zhōngguó	中国(國)	n.	3
Chinese language	Zhōngwén	中文	n.	3
circling wall	wéiqiáng	围墙 (牆)	n.	17
class	bān	班	n.	13
classmate	tóngxué	同学(學)	n.	11
close	guān	关(關)	v.	15
clothing	yīfu	衣服	n.	8
coffee	kāfēi	咖啡	ono.	10
Coke	kělè	可乐(樂)	n.	10
cold	lěng	冷	adj.	12
cold	liáng	凉	adj.	18
color	yánsè	颜(顏)色	n.	8
come	lái	来	v.	9
come back	huílai	回来	v.	9
communication by letter	tōng xìn	通信		19
company	gōngsī	公司	n.	15
compare	bǐjiào	比较 (較)	v.	17
computer	diànnǎo	电脑(電腦)	n.	7
computer lab	wǎngbā	网吧	n.	7
confirm	quèrèn	确认(確認)	v.	16
correct	duì	对(對)	adj.	2
count /order /o'clock	diǎn	点(點)	v./n.	2

counter	tái	台(臺)	n.	12
country	guó，guójiā	国(國)，国(國)家	n.	3/7
course/class	kè	课(課)	n.	14
credit card	xìnyòngkǎ	信用卡	n.	6
cup/glass	bēi	杯	n./m.	10

D

dad	bàba	爸爸	n.	11
day	rì	日	n.	6
day	tiān / rì	天 / 日	n.	6
depart/departure	chūfā	出发(發)	v./n.	20
deposit	yājīn	押金	n.	6
dinner	wǎnfàn	晚饭(飯)	n.	13
dish	cài	菜	n.	3
do	zuò	做	v.	15
doctor	yīshēng	医(醫)生	n.	11
door	mén	门(門)	n.	14
dormitory	sùshè	宿舍	n.	6
double occupancy	shuāngrénjiān	双 双(雙)人间(間)	n.	9
drink	hē	喝	v.	3
dry beside/over a fire	hōnggān	烘干(乾)	v.	8
dwell	zhù	住	v.	6

E

early	zǎo	早	adv./adj.	13
morning	zǎoshang	早上	n.	17
east	dōng	东(東)	n.	5
eat	chī	吃	v.	3
eight	bā	八	num.	1
elder brother	gēge	哥哥	n.	11
elder sister	jiějie	姐姐	n.	11
electronic	diànzǐ	电(電)子	adj.	19
end	wán	完	v.	10
English language	Yīngwén	英文	n.	3
enough	gòu	够	adj.	17
enter	jìn	进(進)	v.	12
entrance	kǒu	口	n.	14
entrance	ménkǒu	门(門)口	n.	14
entrance	rùkǒu	入口	n.	20
entrees，vegetables	cài	菜	n.	3
envelope	xìnfēng	信封	n.	11
esteemed	guì	贵(貴)	adj.	13
etc.	děng	等	n.	7

evening	wǎnshang	晚上	n.	5
every	měi	每	adj.	13
except; except for	chúle...yǐwài	除了……以外	prep.	17
exchange/switch	huàn	换	v.	2
expressing past experience	guò	过(過)	p.	13
expressing surprise/ sudden realization or softening the tone	ya	呀	p.	12
extremely	tài	太	adv.	8

F

feel	juéde	觉(覺)得	v.	17
female	nǚ	女	n.	13
fill out	tián	填(填)	v.	2
finish	wán	完	v.	10
first	xiān	先	adv.	7
fish	yú	鱼(魚)	n.	3
five	wǔ	五	num.	1
flat	píng	平	adj.	11
flight	bānjī	班机(機)	n.	16
flower/flowery	huā	花	n.	8
fly	hángkōng	航空	adj./v.	16
for long time	jiǔ	久	adj.	9
foreign	wài	外	adj.	3
forget	wàng	忘	v.	19
form	biǎo	表	n.	2
formal visit	cānguān	参观(參觀)	v./n.	15
fortune cookie	qiānyǔbǐng	签语饼(簽語餅)	n.	18
four	sì	四	num.	1
friend	péngyou	朋友	n.	10
from	cóng	从(從)	prep.	13
front	qián	前	n.	12
fruit	shuǐguǒ	水果	n.	10
fruit juice	guǒzhī	果汁	n.	10
furthermore	lìngwài	另外	adv.	18

G

gate	dàmén	大门(門)	n.	17
get off	xià	下	v.	4
get off work	xiàbān	下班	v.	14
get on	shàng	上	v.	4

get up (from bed)	qǐchuáng	起床(牀)	v.	17
give	gěi	给(給)	v.	2
give change to	zhǎo	找	v.	5
go	qù	去	v.	4
go to school	shàngxué	上学(學)	v.	11
go to work	shàngbān	上班	v.	15
good/well	hǎo	好	adj./adv.	2
good-bye	zàijiàn	再见(見)		13
Great Wall	chángchéng	长(長)城	n.	5
green	lǜ	绿	adj.	10

H

half	bàn	半	n.	5
happy	kuàilè / yúkuài	快乐 (樂) / 愉快	adj.	12
hard	yìng	硬	adj.	9
hard	xīnkǔ	辛苦	adj.	15
hardworking	yònggōng	用功	adj.	17
have	yǒu	有	v.	2
have access to Internet	shàngwǎng	上网	v.	12
have heard	tīngshuō	听说(聽說)	v.	18
he/she	tā	他 \ 她	pr.	5
health	shēntǐ	身体(體)	n.	17
hello	wèi	喂	inter.	14
help	bāng/ bāngzhù	帮(幫)/ 帮(幫)助	v. transitive/v.n.	19
here	zhèr	这儿(這兒)	dp.	3
hit	dǎ	打	v.	7
home/family	jiā	家	n.	11
hope	xīwàng	希望	v./n.	19
hot (temperature)	rè	热(熱)	adj.	12
hote	lǚguǎn	旅馆 (館)	n.	6
hour	xiǎoshí	小时	n.	7
how	zěnme	怎么(麼)	qp.	4
how	zěnmeyàng	怎么样(樣)	qp.	13
how many	jǐ	几(幾)	num.	3
how much/many?	duōshao	多少	qp.	2
hundred	bǎi	百	num.	2

I

I /me	wǒ	我	pr.	1
I am sorry.	duìbuqǐ	对(對)不起		4
ice	bīng	冰	n.	18
ice cube	bīngkuàr	冰块(塊)儿(兒)	n.	18

if	yàoshi	要是	*conj.*	17
implying cereainty; at once	jiù	就	*adv.*	6/10
in addition	lìngwài	另外	*adv.*	18
in the middle	zhōngjiān	中间(間)	*n.*	18
indicating continuing progress/state	zhe	着(著)	*p.*	11
indicating excitement/ doubt	la	啦	*p.*	12
inside	lǐ / lǐbian	里(裏)/ 里边(裏邊)	*adj./n.*	10
interesting	yǒuyìsi	有意思	*adj.*	18
interjection	āi	哎	*inter.*	14
international	guójì	国际(國際)	*adj.*	7
internet cafe	wǎngbā	网吧	*n.*	7
isle/hallway	guòdào	过(過)道	*n.*	20

J

Jazz	juéshìyuè	爵士乐(樂)	*n.*	10
just	gāng	刚(剛)	*adv.*	11

K

karaoke	kǎlā'ōukèi	卡拉 O.K.	*non.*	10
key	yàoshi	钥匙(鑰)	*n.*	6
know	zhīdào	知道	*v.*	7
know how to do sth.	huì	会(會)	*aux.*	8

L

language	wén	文	*n.*	3
lean /near	kào	靠	*v./adj.*	20
leave	zǒu	走	*v.*	19
left	zuǒ	左	*n./adj.*	20
letter	xìn	信	*n.*	11
like	xǐhuan	喜欢(歡)	*v.*	8
liquor	jiǔ	酒	*n.*	10
listen	tīng	听(聽)	*v.*	10
little bit	yìdiǎnr	一点儿(點兒)	*adv.*	4
long pants	chángkù	长裤(長褲)	*n.*	8
long sleeve	chángxiù	长袖	*adj.*	8
long term	chángqī	长(長)期	*adv.*	19
look at, read	kàn	看	*v.*	6
look for	zhǎo	找	*v.*	14
look like	xiàng	像	*v.*	18

lunch	zhōngfàn	中饭(飯)	n.	13

M

machine	jī	机 (機)	n.	2
beside/over a find dry	hōnggān	烘干 (乾)	v.	8
mail	jì	寄	v.	11
mailbox	yóuxiāng	邮(郵)箱	n.	11
major	zhuānyè	专业(專業)	n.	13
make/hit	dǎ	打	v.	7
male	nán	男	adj.	13
manager	jīnglǐ	经(經)理	n.	15
many	xǔduō	许 (許) 多	adj.	17
map	dìtú	地图(圖)	n.	10
massage	ànmó	按摩	v./n.	12
meal/cooked rice	fàn	饭(飯)	n.	3
meaning	yìsi	意思	n.	4
measure word	tiáo	条(條)	m.	3
measure word	ge	个(個)	m.	3
m. for bus /road	lù	路	n./m.	4
m. for class	jié	节(節)	m.	14
m. for clothes	jiàn	件	m.	8
m. for flat things	zhāng	张(張)	m.	4
measure word	cì	次	m.	16
m. for floor	céng	层	m.	15
m. for letters	fēng	封	m.	11
m. for people	wèi (polite term)	位	m.	14
m. for shoes	shuāng	双(雙)	adj.	8
m. for vehicles	liàng	辆(輛)	m.	12
meat	ròu	肉	n.	3
meet	jiàn	见(見)	v.	13
middle	zhōng	中	n.	3
minute	fēnzhōng	分钟(鐘)	n.	7
miss	xiǎng	想	v.	11
Miss	xiǎojie	小姐	n.	15
mister	xiānsheng	先生	n.	15
mom	māma	妈妈(媽媽)	n.	11
money	qián	钱(錢)	n.	2
money	kuǎn	款	n.	2
month	yuè	月	n.	6
moreover	háiyǒu	还(還)有	adv.	16
morning	shàngwǔ	上午	n.	5
mostly	duōbànr	多半(儿)	adv.	18
motor vehicle	qìchē	汽车(車)	n.	4

multi-colored/flower	huā	花	adj./n.	
music	yīnyuè	音乐(樂)	n.	10
music band	yuèduì	乐队(樂隊)	n.	10

N

name	míngzi	名字	n.	6
nap	wǔjiào	午觉(覺)	n.	18
never mind	méiguānxi	没关系(關係)		4
newspaper	bàozhǐ	报纸(報)	n.	4
next to	kào	靠	v.	20
night	yè	夜	n.	9
nine	jiǔ	九	num.	1
noodle/flour	miàn	面	n.	3
north	běi	北	n.	5
not	bù	不	adv.	2
not	méi	没	adv.	3
not until	cái	才	adv.	16
note	zhǐtiáo	纸条(條)	n.	18
now	xiànzài	现在	adv.	14
number	hàomǎ	号码(碼)	n.	7
number	hào	号(號)	n.	6

O

of course	dāngrán	当(當)然	adv.	10
o'clock	diǎn	点(點)	n.	5
office	bàngōngshì	办(辦)公室	n.	15
often	cháng	常	adv.	11
one	yī	一	num.	1
oneself	zìjǐ	自己	pr.	11
only	zhǐ	只	adv.	8
open	kāi	开(開)	v.	15
opportunity	jīhuì	机会(機會)	n.	19
or	háishi	还(還)是	conj.	5
ordinal number prefix	dì	第	num.	4
other (people)	qítā/bié	其他 / 别	adj.	19/9
outside	wàibian	外边(邊)	n.	13
overseas	hǎiwài	海外	adj.	18

P

pants	kùzi	裤(褲)子	n.	8
parts of the country otherthan where one is	wàidì	外地	n.	12

park	gōngyuán (yuánr)	公园(園)(儿)	n.	15
parking lot	tíngchēchǎng	停车场(車場)	n.	17
particle	ba	吧	p.	5
particle	de	得	p.	13
particle	de	的	p.	3
particle	le	了	p.	4
pass through	guò	过(過)	v.	20
passport	hùzhào	护(護)照	n.	2
pay for	fù	付	v.	6
house rent	fángfèi	房费(費)	n.	6
person	rén	人	n.	3
personnel	rényuán	人员(員)	n.	15
photocopy	fùyìn	复(複)印	v.	17
physical exercise	duànliàn	锻炼(煉)	v.	17
pieces	kuài	块(塊)	m.	2
pink	fěn	粉	adj.	8
place	dìfāng	地方	n.	13
plane ticket	jīpiào	机(機)票	n.	16
play;have fun	wán	玩(儿)	v.	19
pleasant	yúkuài	愉快	adj.	12
please/invite	qǐng	请(請)	v.	2
plural for people	men	们(們)	p.	3
polite	kèqi	客气	adj.	19
post box	yóuxiāng	邮(郵)箱	n.	11
post office	yóujú	邮(郵)局	n.	11
postcard	míngxìnpiàn	明信片	n.	11
practice	liànxí	练习(練習)	v./n.	9
prepare	zhǔnbèi	准备(準備)	v.	4
preposition	bǎ	把	prep.	19
present state	zhe	着(著)	p.	11
print	dǎyìn	打印	v.	17
problem	wèntí	问题(問題)	n.	8
public	gōnggòng	公共	adj.	4
put	fàng	放	v.	11

Q

question particle	ma	吗(嗎)	qp.	2
question particle	ne	呢	qp.	3

R

real/really	zhēn	真	adj./adv.	12
receipt	fāpiào	发(發)票	n.	5

red	hóng	红	adj.	10
regular letter	píngxìn	平信	n.	11
rent/taxi	chūzū	出租	v. / n.	5
reserve	dìng	订(訂)	v.	9
rest	xiūxi	休息	v./n.	18
restaurant	fànguǎn/ cāntīng	饭馆(館)/ 餐厅	n.	6/13
restaurant menu	càidān	菜单(單)	n.	3
restroom	cèsuǒ	厕(廁)所	n.	12
return	huí/huílái	回 / 回来	v./v. intransitive	19 /9
right	yòu	右	n./adj.	20
rise from	qǐ	起	v.	16
rock & roll	yáogǔnyuè	摇滚乐(樂)	n.	10
room	fángjiān	房间(間)	n.	6
round trip	láihuí	来回	adj.	9

S

safe	píng'ān	平安	adj	20
same	tóng/ yíyàng	同 / 一样 (樣)	adj.	17
school	xuéxiào	学(學)校	n.	13
seat	wèizi	位子	n.	16
secret code	mìmǎ	密码 (碼)	n.	7
security	bǎo'ān	保安	n.	15
security check	ānjiǎn	安检(檢)	n.	20
sell	mài	卖(賣)	v.	7
sever or act as; work as	dāng	当	v.	15
service	fúwù	服务	v./n.	12
seven	qī	七	num.	1
Shanghai	Shànghǎi	上海	n.	9
shirt	chènshān	衬(襯)衫	n.	8
shoe	xié	鞋	n.	8
shop assistant	shòuhuòyuán	售货员(貨員)	n.	7
short	duǎn	短	adj.	8
should	yīnggāi	应该 (應該)	aux.	19
shrimp	xiā	虾(蝦)	n.	3
single roomd	dānrénjiān	单人间(間)	n.	9
sit	zuò	坐	v.	3
size	hào	号	n.	8
six	liù	六	num.	1
skirt	qúnzi	裙子	n.	8
sleep	jiào	觉(覺)	n.	18
sleep	shuì	睡	v.	18

sleeve	xiù	袖	*n.*	8
slow down	màndiǎnr	慢点儿(點兒)	*adv.*	3
slow/slowly	màn	慢	*adj./adv.*	3
small/young	xiǎo	小	*adj.*	8
soft	ruǎn	软(軟)	*adj.*	9
sometimes	yǒushíhou	有时(時)候	*adv.*	17
somewhat	bǐjiào	比较 (較)	*adv.*	9
sorry	duìbuqǐ	对(對)不起		4
soup	tāng	汤(湯)	*n.*	3
south	nán	南	*n.*	5
speak	shuōhuà	说话(說話)	*v.*	12
speak/talk	shuō	说(說)	*v.*	4
speech	huà	话(話)	*n.*	12
spell	pīn	拼	*v.*	16
spend	huā	花	*v.*	17
Sprite	xuěbì	雪碧	*n.*	10
stamp	yóupiào	邮(郵)票	*n.*	11
station	zhàn	站	*n.*	4
station platform	zhàntái	站台 (臺)	*n.*	5
store	shāngdiàn	商店	*n.*	8
straight	yìzhí	一直(直)	*adv.*	20
students	xuésheng	学(學)生	*n.*	9
study	xué/xuéxí	学(學)/ 学习(學習)	*v./v. intransitive*	9/17
study abroad	liúxué	留学	*v.*	13
study in depth	yánjiū	研究	*n./v.*	13
subway	dìtiě	地铁(鐵)	*n.*	5
suitable	héshì	合适(適)	*adj.*	8
surname	xìng	姓	*v./n.*	13

T

take	ná	拿	*v.*	9
take a taxi	dǎchē	打车 (車)	*v.*	5
take off (plane)	qǐfēi	起飞 (飛)	*v.*	16
tea	chá	茶	*n.*	10
teacher	lǎoshī	老师(師)	*n.*	4
telephone	diànhuà	电(電)话	*n.*	7
tell someone sth.	gàosu	告诉(訴)	*v.*	4
ten	shí	十	*num.*	1
thank	xièxie/gǎnxiè	谢谢(謝謝)/ 谢(謝)	*v./n.*	2/19
that	nàme	那么	*adv.*	15
then	nà/nèi	那	*adv.*	9
then and only then	cái	才	*adv.*	16
there	nàr	那儿(兒)	*dp.*	11

things	dōngxi	东(東)西	*n.*	17
this	zhè/zhèi	这(這)	*dp.*	3
thousand	qiān	千	*num.*	2
three	sān	三	*num.*	1
Tiananmen Square	tiān'ānmén	天安门(門)	*n.*	4
ticket	piào	票	*n.*	4
time	shíjiān	时间(時間)	*n.*	17
tip	xiǎofèi	小费(費)	*n.*	18
today	jīntiān	今天	*adv.*	5
together	yìqǐ	一起	*adv.*	13
tomorrow	míngtian	明天	*adv./n.*	10
tour guide	dǎoyóu	导游(導遊)	*n.*	9
towards	wǎng	往	*prep.*	20
train	huǒchē	火车(車)	*n.*	5
train cars	chēxiāng	车厢(車)	*n.*	9
train compartment	bāoxiāng	包厢	*n.*	9
travel	lǚxíng	旅行	*v.*	9
travel agency	lǚxíngshè	旅行社	*n.*	9
try/try or	shì	试(試)	*v.*	8
turn	guǎi	拐	*v.*	20
two	èr/ liǎng (with m.)	二 / 两	*num.*	1/2

U

understand	dǒng	懂	*v.*	4
U.S.A.	měiguó	美国(國)	*n.*	13
use	yòng	用	*v.*	2
used at the end of a sentence to express doubt	a	啊	*p.*	5

V

vegetables	cài	菜	*n.*	3
vegetarian	sù	素	*adj.*	16
very	hěn	很	*adv.*	9

W

want	xiǎng	想	*aux.*	6
Wang (surname)	Wáng	王	*n.*	14
want/need to	yào	要	*v.*	3
wash	xǐ	洗	*v.*	8
water	shuǐ	水	*n.*	10
wear	chuān	穿	*v.*	8
week	xīngqī	星期	*n.*	6

west	xī	西	*n.*	5
what	shénme	什么(麼)	*qp.*	3
(duration of /point in) time	shíhou	时候	*n.*	9
where	nǎr	哪儿(兒)	*qp.*	4
which	nǎ/něi	哪	*qp.*	4
white	bái	白	*adj.*	8
who/whom	shéi	谁(誰)	*pr./qp.*	5
why	wèishénme	为(為)什么(麼)	*qp.*	15
will	huì	会(會)	*aux.*	8
willing	yuànyì	愿(願)意	*v./aux.*	17
window	chuānghu	窗户	*n.*	20
wish	zhù	祝	*v.*	12
withdraw money from bank	qǔkuǎn	取款	*v.*	2
wonton	húntún	馄饨(餛飩)	*n.*	18
work routine	bān(bānr)	班(儿)	*n.*	15
write	xiě	写(寫)	*v.*	11

Y

year	nián	年	*n.*	15
yesterday	zuótiān	昨天	*n./adv.*	5
you	nǐ	你	*pr.*	2
you	nín	您	*pr.*	2
younger brother	dìdi	弟弟	*n.*	11
younger sister	mèimei	妹妹	*n.*	11

Z

zero	líng	零	*num.*	1

汉语教材		
博雅汉语—初级起步篇（Ⅰ）（附赠3CD）	07529-4	65.00
博雅汉语—高级飞翔篇（Ⅰ）	07532-4	55.00
新概念汉语（初级本Ⅰ）（英文注释本）	06449-7	37.00
新概念汉语（初级本Ⅱ）（英文注释本）	06532-9	35.00
新概念汉语复练课本（初级本Ⅰ）（英文注释本）（附赠2CD）	07539-1	40.00
新概念汉语（初级本Ⅰ）（日韩文注释本）	07533-2	37.00
新概念汉语（初级本Ⅱ）（日韩文注释本）	06534-0	35.00
新概念汉语（初级本Ⅰ）（德文注释本）	07535-9	37.00
新概念汉语（初级本Ⅱ）（德文注释本）	06536-7	35.00
汉语易读（1）（附练习手册）（日文注释本）	07412-3	45.00
汉语易读（1）教师手册	07413-1	12.00
说字解词（初级汉语教材）	05637-0	70.00
初级汉语阅读教程（1）	06531-0	35.00
初级汉语阅读教程（2）	05692-3	36.00
中级汉语阅读教程（1）	04013-X	40.00
中级汉语阅读教程（2）	04014-8	40.00
汉语新视野-标语标牌阅读	07566-9	36.00
基础实用商务汉语（修订版）	04678-2	45.00
公司汉语	05734-2	35.00
国际商务汉语教程	04661-8	33.00
短期汉语教材		
速成汉语（1）（2）（3）（修订版）	06890-5/06891-3/06892-1	14.00/16.00/17.00
魔力汉语（上）（下）（英日韩文注释本）	05993-0/05994-9	33.00/33.00
汉语快易通-初级口语听力（英日韩文注释本）	05691-5	36.00
汉语快易通-中级口语听力（英日韩文注释本）	06001-7	36.00
快乐学汉语（韩文注释本）	05104-2	22.00
快乐学汉语（英日文注释本）	05400-9	23.00
口语听力教材		
汉语发音与纠音	01260-8	10.00
初级汉语口语（1）（2）（提高篇）	06628-7/06629-5/06630-9	60.00/70.00/60.00
中级汉语口语（1）（2）（提高篇）	06631-7/06632-5/06633-3	42.00/39.00/36.00

书名	书号	价格
准高级汉语口语（上）	07698-3	42.00
高级汉语口语（1）（2）（提高篇）	06634-1/06635-X/ 06646-5	32.00/32.00/ 32.00
汉语初级听力教程（上）（下）	04253-1/04664-2	32.00/45.00
汉语中级听力教程（上）（下）	02128-3/02287-5	28.00/38.00
汉语高级听力教程	04092-x	30.00
汉语中级听力（上）（修订版）（附赠7CD）	07697-5	70.00
新汉语中级听力（上册）	06527-2	54.00
外国人实用生活汉语（上）（下）	05995-7/05996-5	43.00/45.00
实用汉语系列		
易捷汉语—实用会话（配4VCD）（英文注释本）	06636-8	书28.00/ 书+4VCD120.00
文化、报刊教材及读物		
中国概况（修订版）	02479-7	30.00
中国传统文化与现代生活－留学生中级文化读本（I）	06002-5	38.00
中国传统文化与现代生活－留学生高级文化读本	04450-X	34.00
文化中国－中国文化阅读教程1	05810-1	38.00
解读中国－中国文化阅读教程2	05811-X	42.00
报纸上的中国—中文报刊阅读教程（上）	06893-X	50.00
报纸上的天下—中文报刊阅读教程（下）	06894-8	50.00
写作、语法及预科汉语教材		
应用汉语读写教程	05562-5	25.00
留学生汉语写作进阶	06447-0	31.00
实用汉语语法（修订本）附习题解答	05096-8	75.00
简明汉语语法学习手册	05749-0	22.00
预科专业汉语教程（综合简本）	07586-3	55.00
HSK应试辅导书教材及习题		
HSK汉语水平考试模拟习题集（初、中等）	04518-2	40.00
HSK汉语水平考试模拟习题集（高等）	04666-9	50.00
HSK汉语水平考试词汇自测手册	05072-0	45.00
HSK汉语水平考试（初、中等）全真模拟活页题集（模拟完整题）	05080-1	37.00
HSK汉语水平考试（初、中等）全真模拟活页题集（听力理解）	05310-X	34.00
HSK汉语水平考试（初、中等）全真模拟活页题集（语法 综合填空 阅读理解）	05311-8	50.00